Manual de Autopublicación de Autorquía.
Guía de autoedición, promoción y comunicación
para escritores independientes.

Primera edición: mayo de 2016

© Autorquía, 2016
Todos los derechos reservados.
ISBN: 978-84-608-8397-5.

Texto: Autorquía.
Diseño de la portada
y maquetación: Tata & Friends.
Con la colaboración de Grasp,
Marcas con sentido.

.
.
.

:

MANUAL
DE AUTOPUBLICACIÓN

Manual
de Autopublicación

Índice

i.

i.

⋮

Introducción

— — — — —

INTRODUCCIÓN

Un 80% de los autores autopublicados están insatisfechos con el impacto de su libro. De hecho, un 45% no repetiría la experiencia. Son datos arrojados por un estudio realizado en 2014 por la web especializada Books on Demand[1]. Muestran, entre otras muchas cosas, que la autopublicación puede ser una opción dura, a veces demasiado, y que sin una guía es muy difícil salir adelante y conseguir resultados positivos.

La gran diversidad de plataformas de venta, redes sociales, blogs literarios, webs especializadas, revistas, etc., muchas veces representan barreras para el escritor independiente cuando, en realidad, deberían ser herramientas útiles para lograr sus objetivos. El primero de estos objetivos es conseguir destacar entre la ingente cantidad de libros que se publican mes a mes.

Este Manual de Autopublicación de Autorquía nace con el propósito de ayudar a esos autores que autoeditan, publican, distribuyen y promocionan sus propias obras. La metodología es simple: ofrecemos las distintas opciones del mercado y proponemos las vías de actuación que, en nuestra experiencia asesorando a escritores, sabemos que son las más acertadas. Para ello usamos un lenguaje cercano, directo y fácil de comprender para cualquier autor, ya sea de ficción como de no ficción. Huimos de complicados términos de marketing, branding o publicidad. Y es que entendemos que un escritor tiene que ser experto en una sola cosa: sus escritos.

El punto de vista también va a ser siempre el del escritor, independientemente de si tiene o no experiencia en internet, aplicaciones, bases de datos o estadísticas. Con los consejos contenidos en este manual, cualquier persona a nivel usuario podrá llevar a cabo

---

1   Books on Demand Self Publishing-Studien. Consultado el 18/11/2015: http://www.bod.de/studien.html

la publicación de sus propias obras sin mayores problemas; desde su propio ordenador hasta los lectores.

Este libro es la guía más completa que se puede encontrar en el mercado por su extensión, cantidad de temas abordados, y por la profundidad con la que se tratan. Para su creación se han tenido en cuenta las últimas tendencias y publicaciones del sector, así como las webs más especializadas. Incluye un extenso dossier con las cuentas de los profesionales más influyentes a quienes seguir.

Además, este Manual de autopublicación de Autorquía presenta los servicios de autoedición necesarios con sus precios recomendados, y explica con detenimiento cómo publicar en Amazon y otras plataformas, la forma de construir una solvente imagen de autor, cómo valerse de las redes sociales y del blog personal, el camino a seguir para establecer una comunicación fiable, cómo promocionar nuestra obra convenientemente, cuáles son los requerimientos legales, cómo planificar todo el proceso paso a paso, y cómo organizar una campaña de crowdfunding con acierto.

No te prometemos el éxito, ni te aseguramos ser el número uno de los rankings de ventas, ni que vayas a vender mil, diez mil, o un millón de libros. Creemos que eso no sería honesto. Pero sí te garantizamos el aprendizaje de todos los mecanismos y entresijos de este pequeño gran mundo. Con la ayuda de esta guía, tu atención activa y tu propia experiencia personal, lograrás comprender las claves de la autopublicación para tu primera obra y las que vendrán.

Debes saber que estás a punto de iniciar un emocionante viaje cuya meta es ver publicado tu libro en papel; un sueño para muchos escritores y una necesidad para una gran cantidad de profesionales que buscan destacar en su campo. De hecho, acabas de dar el primer paso.

INTRODUCCIÓN

BIENVENIDA, BIENVENIDO.

1.

Autoedición

— — — — —

1. AUTOEDICIÓN

Con toda probabilidad, en muchas ocasiones habrás oído hablar de autoedición y de autopublicación indistintamente, a veces incluso como si fueran la misma cosa. Pues no, no lo son. Tal y como señala Ainhoa Arpide[1], no es lo mismo editar un libro que publicarlo. Editar consiste en pulir técnicamente el texto hasta que alcance una forma óptima; publicar se refiere a la difusión de ese escrito. En uno y otro caso, el «auto» del principio solo marca el hecho de que es el propio autor el encargado de realizar el trabajo, ya sea por sus propios medios o procurando ayudas puntuales por parte de otros, pero siempre sin la mediación de una editorial.

En este primer capítulo vamos a ver los trabajos de autoedición indispensables para toda obra que, más adelante, cuando toque autopublicar, pretenda destacar para bien en el mercado. Antes de comenzar, será positivo que te detengas a pensar, aunque solo sea por un segundo, en que si estás leyendo esto se debe a que has escrito, por lo menos, un libro. Dedícate un momento a felicitarte, ya que has finalizado una de las cosas más arduas y deseadas que puede haber en un mundo tan lleno de distracciones como el nuestro. Sin duda, independientemente del camino que desees tomar, lo más complicado ya lo tienes. Y si todavía no has terminado tu proyecto pero lo tienes en mente, esperamos que este manual te insufle la energía necesaria y te anime a que lo consigas.

Es de suponer que, si has terminado de escribir tu obra, y sobre todo si es la primera, estarás preguntándote bueno, y ahora ¿qué? No es algo malo. En realidad, es bastante bueno que te hagas esta pregunta, ya que, al contrario de lo que algunos piensan, escribir un libro no convierte automáticamente a su autor en alguien rico y famoso. Es un magnífico primer paso, sin duda, pero todavía queda bastante para que necesitemos unas gafas de sol para que no nos reconozcan por la calle.

1   Ainhoa Arpide. Blog de doYgestión. ¿Por qué Doygestión no autoedita? Consultado el 29/02/2016: http://doygestion.com/doygestion-no-autoedita/

1.1

Primeros pasos

Una vez que hemos puesto el punto y final a nuestra obra, lo que debemos hacer es dejarla reposar un par de semanas como mínimo, apartarla de nuestra vida para dedicarnos a otras cosas que, seguro, hemos dejado aparcadas a causa de la escritura. Este pequeño ejercicio nos liberará de buena parte de la ansiedad que conlleva el acabar un libro, además de darnos una muy útil perspectiva que de otra forma no es posible de conseguir; el alejamiento temporal nos ayudará a separarnos emocionalmente de nuestro escrito, algo fundamental para verlo con otros ojos cuando realicemos la primera revisión.

En esta primera revisión, que puede convertirse en bastantes más, todavía estaremos nosotros solos, resolviendo algunos problemas básicos que se nos hayan podido escapar durante el proceso de creación. Tampoco conviene enredarse demasiado en esta fase, pues no vamos a alcanzar la excelencia por nuestra cuenta; ni siquiera los más grandes lo hacen. Así que, una vez completado este repaso inicial, dale a guardar por última vez y deja el manuscrito en paz, que todavía queda mucho por hacer.

Ha llegado la hora de sacar al polluelo del nido.

1.2

Registro

Una buena parte de los autores noveles, especialmente celosos con su obra, no se fían de quien pone las manos encima de su criatura. Muchas veces, incluso, recurren a extravagantes tácticas de seguridad como ponerle otro nombre al archivo del libro, encerrarlo en un laberinto de carpetas, no permitir a nadie acercarse a su ordenador o espacio de trabajo, o procurar no conectarse con ese equipo a internet. Todo con tal de no ser víctima de los temidos plagiadores.

Puedes respirar tranquilo, pues no hay motivo para preocuparse por nada de esto: nadie está interesado en robar tu obra. No entiendas esto mal, no tratamos de restarle valor ni mérito a tus escritos, pero aunque tu último libro sea un nuevo Harry Potter en potencia nadie va a querer robártelo porque a) los libros requieren varias horas para ser leídos y b) de entrada, nadie está interesado en leer la obra de un autor desconocido. Esta es la realidad, y a menos que seas famoso o tengas 20.000 seguidores en Twitter, es la principal barrera que vas a encontrar. De hecho, todos los autores primerizos la encuentran, pero no te preocupes, ya que cuando hayas terminado de leer este manual verás cómo te encontrarás capacitado para superarla y dejarla atrás.

De cualquier modo, para evitar susceptibilidades, lo más recomendable es imprimir o guardar en un CD una copia del libro y llevarla al Registro de la Propiedad Intelectual más cercano. Ojo, este es el nombre que reciben estas oficinas en España, pero en otros lugares cambian de denominación (Instituto de Derechos de Autor en México, Dirección Nacional de Derecho de Autor en Argentina, o Departamento de Derechos Intelectuales en Chile, por ejemplo). El precio varía dependiendo del país, siendo la tasa en España de 12,30€.

Internet también nos ofrece soluciones alternativas, gratuitas y perfectamente válidas para nuestro mundo telemático. Se trata de denominaciones 2.0, como Safe Creative[2], que funciona como un registro de la propiedad intelectual, o Creative Commons[3] , que es un sistema de licenciamiento abierto.

1.3

Lectores Beta

Ahora sí, con nuestro certificado del registro correspondiente en la mano, y la seguridad de que quien venga a apropiarse de lo que no es suyo tendrá que enfrentarse a la ley, podemos enviar nuestros escritos a otras personas. Estas van a ser nuestros primeros lectores, lo que se conoce en el mundillo como lectores beta.

Cometiendo un grave error, muchos escritores no le dan suficiente importancia a este paso, pensando, tal vez, que la lectura de su obra es un privilegio para cualquiera, por lo que les hacen un favor a aquellos que pueden disfrutarla en exclusiva. ¡Y, además, gratis!

Resulta que los libros están hechos para ser leídos y que, al igual que otros productos como coches, champús o bolígrafos, necesitan ser testados antes de salir a la venta. Dar a leer nuestro libro antes de publicarlo nos servirá para saber si es apto para tal uso. Así de simple. Por contra, una actitud arrogante siempre va a resultar contraproducente para el perfilado de nuestra obra. Piensa en ella como un producto que en estos momentos todavía está en fase experimental. Ten paciencia.

Por otro lado, debemos tener confianza en las personas que elijamos para que realicen esta tarea. Debemos dejarlos actuar a su ritmo y respetar sus opiniones. Si los presionamos o insistimos demasiado, estaremos corriendo el riesgo de hacerles variar sus opiniones, suavi-

---

2   http://www.safecreative.org
3   http://www.creativecommons.org

zándolas para que el autor no dé más guerra, o endureciéndolas para atizarle por pesado. Si esto ocurre, el propósito de los lectores beta se pierde por completo.

A los lectores beta hay que respetarlos como lo que son: personas que nos están haciendo un gran favor dedicándole varias horas de su tiempo a un libro desconocido. Debemos sentir que el respeto es mutuo y que podemos comunicarnos libremente con ellos. También debe tratarse de lectores frecuentes, o que al menos se encuentren dentro de nuestro público objetivo.

No olvides que el manuscrito se encuentra en una de las fases más susceptibles de albergar problemas. No te preocupes por ello, eres humano y has podido pasar cosas por alto; a todos los escritores les ocurre, incluso a los más reconocidos. Por eso es aconsejable, sobre todo, ser humildes y tomarnos con mucha calma y filosofía las anotaciones y consejos que nuestros lectores beta nos den, prestando especial atención a lo que no les ha gustado. Podemos iniciar un debate si no estamos de acuerdo con sus apreciaciones. Si terminan convenciéndonos, no pasa nada, todavía estamos a tiempo de volver atrás y cambiar lo que sea necesario. No obstante, hacer demasiado caso a nuestros lectores beta puede ser también problemático, pues a veces se va a tratar de opiniones subjetivas y en literatura nadie posee la verdad absoluta. Además, es totalmente imposible tener a todo el mundo contento por igual.

Seguramente, después de leer esto estarás llegando a la misma conclusión a la que llegan todos los escritores en algún momento de sus carreras: ¿sirve para algo darle a leer mi libro a esta gente desagradecida? La respuesta es un sí rotundo. Es posible que te hagas un lío durante el proceso, pero ten paciencia y presta atención: es una fase perfecta para aprender cosas que seguramente desconocías.

1.4

Informes de Lectura

Si tienes la suerte de contar entre tus amigos con algún escritor o con alguien que se mueva por el mundo de la edición, como un editor, un lector profesional, un corrector, o un crítico literario, que acceda a leer gratis tu obra, tendrás mucho ganado. No obstante, estas personas suelen estar muy ocupadas con su propio trabajo y nos leerán cuando saquen tiempo, si es eso posible. No habrá problema si somos pacientes y podemos esperar varias semanas o meses para recibir su valoración, pero, siendo realistas, si acabas de escribir un libro lo más lógico es que te mueras de ganas por confirmar lo bueno que es.

Para ello siempre podemos recurrir a lectores beta profesionales, esto es, gente dedicada a esto que no solo se lea el libro, sino que realice un informe de lectura. Los informes o reportes de lectura son documentos dedicados por entero a un libro en concreto. En ellos se debe encontrar información relevante acerca de la obra: características esenciales, estructura, puntos fuertes y débiles de la narración, ausencia de elementos necesarios, aparición de elementos innecesarios, errores recurrentes, valoración de la originalidad, punto de vista del lector, oportunidades editoriales y sugerencia de correcciones. En los buenos informes aparecerán desglosados los problemas, y estos tendrán más protagonismo que las virtudes, ya que se trata de lecturas enfocadas en conseguir posibles mejoras. La extensión de estos informes puede variar dependiendo de la complejidad de la obra a analizar, pero cualquier novela normal tiene suficiente sustancia como para necesitar un documento de, al menos, 5 páginas.

Por otro lado, y muy importante, un informe de lectura no es un resumen ni una reseña de la obra. Es un documento técnico concreto y especializado de gran valor. No se debe esperar un informe de lectura de calidad de alguien que no sea un profesional, por lo que es recomendable desconfiar de quienes lo ofrecen gratis o a un precio ridículo.

A partir de 0,6€ por página es un precio razonable para este servicio. Para diferenciar a los profesionales de los aficionados, también hay que tener en cuenta si presentan presupuestos adecuados que incluyan el plazo de realización del trabajo y los impuestos correspondientes.

1.5

Correcciones

Muy probablemente, el informe de lectura de nuestra obra va a recomendar hacer correcciones. Sí, estuvimos revisando el texto una y mil veces antes de llevarlo al registro, pero el informe de lectura sirve justo para esto y cuatro ojos ven más que dos, sobre todo si la mitad de ellos pertenecen a un especialista. La buena noticia es que ahora sabemos qué hay que trabajar exactamente y qué podemos esperar de nuestro libro. La mala es que, a menos que conozcamos a un corrector profesional que nos aprecie lo suficiente como para estar dispuesto a hacerlo gratis, vamos a tener que rascarnos el bolsillo sí o sí.

Las obras que no han sido corregidas profesionalmente saltan a la vista por sí solas, desafinan y son muy dadas a contener gran cantidad de errores recurrentes, de esos que agotan a los lectores y hacen que se cierren los libros para siempre jamás. Nos tememos que corregir no es una opción, sino un proceso absolutamente necesario, así que si estabas reservando dinero para algún paso de la autoedición, este es el momento idóneo.

Dependiendo del grado de profundidad, existen tres tipos de correcciones:

> » Ortotipográfica: es la más básica, dedicada a la parte estrictamente formal del texto. Aquí se eliminan las erratas y se revisa ortografía, gramática, tipografía, dobles espacios, etc. Su precio recomendado está entre los 0,004 y los 0,0065€ por palabra.

» Estilográfica: como su nombre indica, es la encargada de velar por el estilo de la escritura. Se encarga de asegurar la concordancia de género y número, así como el correcto uso de la puntuación y las formas verbales, y también de eliminar las repeticiones de palabras y las rimas, alertar sobre cacofonías, redundancias, y símiles o expresiones que resultan raras, etc. Su precio recomendado va de los 0,0055 a los 0,008€ por palabra.

» Editorial o integral: la madre de todas las correcciones. Se trata de la revisión que trabaja los temas más profundos de la obra: problemas estructurales, diálogos, personajes, escenarios, planificación, sentido de la narración, mensaje, etc. En resumen, se podría decir que remarca qué sobra, qué falta, y qué hay que dejar tal y como está para que el libro dé lo mejor de sí. La complejidad de esta corrección requiere un contacto fluido entre autor y corrector. Este servicio no tendría un precio definido, y dependería de la persona al cargo, pero no se recomienda contratarlo por debajo de 0,008€ por palabra. Además, tampoco es recomendable dejar este tipo de corrección en manos de alguien que no sea escritor, editor, o experto en narrativa y/o literatura.

Todos los autores que han pasado alguna vez por un proceso de corrección coinciden en dos puntos: fue una experiencia muy dura, y repetirían para las siguientes obras. La corrección profunda de nuestro texto es siempre ardua, sobre todo la primera vez. Exponemos algo que ha salido de lo más profundo de nosotros a los ojos de un desconocido que lo desnuda y lo descuartiza sin piedad; que te dice una y mil veces cosas como «esto sobra», «esto es redundante», «esto no se entiende», «esto no tiene sentido»... Además, la corrección tiene tendencia a durar mucho más de lo que nos gustaría, con más revisiones de las deseables. Sin duda es una experiencia muy desagradable.

No obstante, la corrección tiene una enorme capacidad pedagógica. Al repasar nuestro manuscrito tras haberlo recibido de manos del corrector, vemos nuestros fallos recurrentes, observamos aspectos importantes que antes pasaban desapercibidos, incluso aprendemos a usar elementos que antes no utilizábamos o lo hacíamos mal. En otras palabras, la corrección enriquece la escritura del autor, por eso se trata de una experiencia repetible. Por cierto, si ponemos suficiente atención en el proceso, con el tiempo las correcciones serán más cortas.

Otra cosa más, es recomendable no leer con emociones los comentarios que los correctores dejan en el texto. Muchas veces utilizan palabras que es posible que no nos agraden, o que incluso parezcan pretender hundir nuestra moral, pero tenemos que tener siempre en cuenta que se trata de consejos con la única intención de ayudarnos y de hacernos mejorar, pues ellos también tienen interés en que nuestra obra esté lo mejor posible. Además, los buenos correctores también dejan comentarios positivos remarcando las cosas que hacemos especialmente bien, lo cual equilibra un poco la balanza.

Hasta aquí los trabajos imprescindibles de edición de nuestra obra. A partir de aquí habremos preparado el texto para su siguiente paso, que puede ser autopublicar, enviarlo a una editorial, o probar suerte en un concurso. Vamos a ver cómo funciona la autopublicación.

2.

Autopublicación

— — — — —

Si nos hemos decidido por autopublicar, debemos hacerlo con todo, sin titubeos. Si no estamos dispuestos a dedicarle una buena cantidad de nuestro tiempo durante, como mínimo, los próximos 9 meses, mejor ni molestarse.

Nuestro objetivo no es amilanarte, de hecho este manual no tiene otro propósito que insuflarte energías, pero es necesario que sepas con qué te vas a encontrar. Según el ya citado estudio de 2014 publicado en la web alemana Books on Demand, detrás del enorme crecimiento de la autopublicación se encuentran autores que escriben en fines de semana y festivos, que se consideran a sí mismos amateurs, y que se lanzan a la autoedición por diversión (el 70%), y/o porque es muy fácil (el 65%)[1].

De entre las muchas lecturas que se pueden sacar de estos datos, nos encontramos con que hay mucha gente que no está preparada y se lanza a la senda de la autopublicación sin tener ni idea de lo que se va a encontrar. De ahí los no menos sorprendentes datos negativos que ya comentamos en la introducción: por regla general a los autores les gusta tener el control total de su obra, pero solo el 40% está orgulloso de autopublicar y un abrumador 80% está insatisfecho con el impacto de su libro. Es más, un 45% no repetiría la experiencia.

Tenemos, por lo tanto, un mercado que no para de crecer año tras año, aumentando así la competencia y, en consecuencia, las posibilidades de conseguir resultados negativos. De modo que, si tú, como autor, no quieres verte entre ese tremendo 80% insatisfecho, no solo debes saber a lo que te enfrentas, sino que tienes que conocer los entresijos. Con eso, y los pies en la tierra, ya tendrás un buen trecho del camino recorrido.

---

1   Books on Demand Self Publishing-Studien. Consultado el 18/11/2015: http://www.bod.de/studien.html

2.1

Qué necesitas
para empezar

Es posible que el contenido de este punto no te haga especialmente feliz, pero no por ello deja de ser necesario: si quieres autopublicar, vas a tener que desembolsar un poco más de plata. Es cierto que no es obligatorio pagar por todos los trabajos que todavía quedan, pero si pretendes que los lectores lleguen a ti y te lean, vas a necesitar tener un buen diseño de cubiertas (o por lo menos de portada), una sinopsis atractiva, una maquetación correcta y un título sugerente. Todas estas cosas puedes realizarlas tú mismo, y en las siguientes páginas te vamos a indicar cómo, pero en algunos casos, y por razones obvias, sentimos comunicarte que vas a requerir la ayuda de un profesional.

Es bueno que confíes en ti mismo y tus posibilidades, pero recuerda que, por el momento, eres un autor totalmente desconocido. Nadie va a acudir a ti si no tiene un buen motivo y, ahora mismo, por injusto que resulte, tus mejores y casi únicos avales son una buena presentación, amén de la calidad de tu libro; más o menos por ese orden.

Vamos a trabajar, entonces, para facilitar a los lectores el camino directo hacia tus escritos.

2.1.1

Maquetación
o Diagramación

Si el texto de nuestra obra se puede considerar como el contenido del libro, la maquetación es la forma que le damos a ese contenido. En el orden de prioridades no sería lo más urgente, pero, no obstante, tiene una gran importancia, ya que supone la forma en la que llegamos a nuestros lectores. Podría decirse que un libro mal maquetado tiene la triste capacidad de solo destacar por lo negativo, llegando incluso a enervar, mientras que un libro bien maquetado no hace ruido, no resta, cosa ya de por sí muy positiva para nuestros intereses.

A continuación vamos a ver una serie de pautas muy simples para maquetar nuestros libros en formato e-book y en papel, directamente desde un simple documento Word.

Maquetación
del e-book

Preparar nuestro libro para que pueda ser leído por e-readers se ha convertido hoy día en algo fundamental para los autores autopublicados. No importa si estamos más o menos de acuerdo con el concepto del e-book, ya que en el momento en que nuestro libro esté en la calle, la mayor parte de nuestras ventas procederá de esta fuente. El motivo no es otro que el precio: el e-book es bastante más barato que su hermano de papel.

Hay muchos programas diseñados específicamente para maquetar textos en formato digital. Tal vez el más completo y fácil de usar de entre los gratuitos sea Sigil, aunque no te vamos a pedir que manejes más programas de los necesarios. Es por eso que vamos a maquetar desde Word. Verás que se puede perfectamente.

Lo primero que debemos hacer es elegir la fuente y el tamaño de letra. Lo segundo va a depender del autor, 12 es un buen ejemplo, pero lo primero debe ser Arial o cualquier otro tipo de fuente sans serif, ya que se adaptan mejor al formato electrónico, como bien apunta Mariana Eguaras[2]. Debemos asegurarnos de que no hay numeración de páginas, ni encabezados, ni notas a pie de página.

A continuación debemos establecer los estilos, una cosa que a lo mejor no has usado nunca para escribir tu libro —algo, por otra parte, bastante lógico— y que puede que ni siquiera sepas que exista. Se trata de esa fila de letras metidas en recuadros arriba en la mitad derecha, en la barra de menú de «Inicio» de la mayor parte de las versiones de Word. Definir los estilos va a resultar vital para que nuestro e-book sea navegable y fácil de manejar. Sirve para diferenciar los diferentes estilos de texto del libro: «Normal» para el grueso del texto, «Título 1» para los nombres de los capítulos, «Título 2, 3, 4, etc.» para siguientes subdivisiones, en caso de haberlas.

No olvides colocar la opción «salto de página anterior» en los títulos para que cada capítulo empiece limpio, legible y perfecto en una página nueva del e-reader, móvil o tablet. En ningún caso, tal y como señala Alejandro Capparelli, se debe utilizar la tecla ENTER o la barra espaciadora para organizar el texto de manera que quede en Word como queremos, ya que traería problemas de maquetado al convertir a e-book. Esta ordenación debe quedar preestablecida en los estilos.

Con los estilos ya predeterminados, hay que insertar una Tabla de Contenidos, que servirá, a un mismo tiempo, como índice de nuestro libro, y como navegador interactivo de nuestro e-book. Con esta tabla, el lector podrá visitar cómodamente el capítulo o subcapítulo que desee con solo hacer click en él. Para insertarla hay que pulsar en «Insertar Tabla de Contenidos» en el menú «Referencias/Tabla de contenidos». Es muy sencillo. Hasta 2016, en la plataforma de publicación Amazon (número 1 en ventas de e-books) se podía colocar la tabla tanto el principio como al final de la obra, pero esto daba la posibilidad de engañar

2   Blog de Mariana Eguaras: Qué tipografía usar para libros impresos y digitales. Consultado el 29/02/2016: http://marianaeguaras.com/que-tipografia-usar-para-libros-impresos-y-digitales/

a su sistema y de cometer fraude con el número de páginas leídas[3]. Esto ha llevado a esta plataforma a eliminar los libros que tuvieran el índice al final, lo que hace recomendable situar la Tabla de Contenidos siempre al principio para evitar posibles problemas futuros.

Si deseamos incluir imágenes debemos tener en cuenta el peso y el formato del archivo, además de poseer su pertinente derecho de uso. Siguiendo la recomendación de Valentina Truneanu[4], si deseamos una mayor versatilidad de imagen a la hora de publicar nuestro libro, y además no tener problemas con las regalías, debemos dejar de lado a Amazon y probar con otras plataformas más versátiles como iBooks o Google Play. Esto no significa que no se puedan utilizar imágenes para Amazon —en Word, simplemente hay que seguir la ruta «Insertar/Imagen» sin hacer corta/pega y asegurándonos de que no abarque todo el ancho—, pero hay que tener en cuenta las limitaciones que esta plataforma nos va a poner:

» Cobra 0,15$ por MB en cada descarga en concepto de «gastos de envío» si tenemos seleccionada la opción del 70% de regalías. Más adelante hablaremos a fondo de las regalías de Amazon.
» Solo permite archivos JPG, GIF, PNG y BMP.
» El peso máximo de cada una no puede sobrepasar los 5MB.

Tal vez no sea necesario en un libro de ficción, pero los de no ficción suelen requerir la existencia de citas a otros autores. En un documento Word normal sería simple colocar una nota al pie de página para insertar una cita, pero como ya advertimos al principio, a la hora de convertirlo al e-book no funcionaría, quedaría raro e ilegible. Lo que debemos hacer es seguir la siguiente ruta: «Referencias/Insertar nota al final». Como su propio nombre sugiere, las notas aparecerán al final del documento, pudiendo el lector acceder a ellas con un simple click

---

3   Ainhoa Arpide. Blog de doYgestión. Amazon decide donde colocar el índice de tu ebook. Consultado el 11/04/2016. http://doygestion.com/toc-al-final-ebook-amazon-decide/?utm_source=mailing12&utm_medium=email&utm_campaign=MAILING-Indices+y+Amazon
4   El blog de Valentina Truneanu. Consultado el 29/02/2016: http://www.valentinatruneanu.com/el-problema-de-las-imagenes-en-los-ebooks-para-kindle/

en el número de nota correspondiente.

También es posible insertar enlaces a otras páginas web desde nuestro documento siguiendo la ruta: «Insertar/hipervínculo».

Una vez terminado todo y puesto en su sitio, podemos testar si el orden es el deseado activando la opción «Mapa del documento». La ruta es «Vista/Mapa del documento». No obstante, la prueba de fuego de nuestro futuro e-book vendrá cuando transformemos el archivo «.doc» de Word a «.epub», para e-books normales, y «.mobi», para Kindle de Amazon. Ahora sí, debemos usar un programa, uno muy simple y gratuito, llamado Calibre[5]. Con Calibre podremos realizar la conversión y, si nos sentimos cómodos con su uso, incluso modificarlo.

Amazon, que cuenta con su propio tipo de archivos y e-readers —los Kindle, lectores de «.mobi», vete acostumbrando a estos nombres que en adelante los vas a escuchar hasta la saciedad—, ofrece el programa Amazon Kindle Previewer, con el que podrás comprobar la experiencia lectora de tu libro en uno de sus dispositivos. Es importante comprobar en su menú si se ha detectado la Tabla de Contenidos (ruta «Ir a/Contenido»), y si las imágenes se ven bien y están en su sitio, los enlaces funcionan, etc. Sin duda, es necesario su uso para verificar que el e-book ya está listo.

Maquetación en papel

Vamos con la parte más atractiva para los autores, especialmente los noveles: tu libro en papel. Darnos este gustazo, en realidad, es tanto o más simple que en el caso de los e-books.

Es posible que queramos preparar la maquetación de nuestro libro para llevarlo a una imprenta por nuestra cuenta. Es algo perfectamente aceptable, y sin embargo, con la facilidad que existe hoy en día con las plataformas que ofrecen impresión bajo demanda, no tiene demasiado sentido. Por si todavía no lo sabes, la impresión bajo demanda consiste, tal y como su nombre indica, en imprimir únicamente los ejemplares que se pidan en la plataforma, esto es, solo se imprime lo

5   https://calibre-ebook.com/download

que se vende. De este modo no existiría un coste inicial y, aunque las ganancias serían menores porque hay mayor gasto de producción, no habría riesgo para ninguna de las partes vendedoras. Muchas editoriales independientes funcionan ya así, y no descartamos que en el futuro se convierta en práctica mayoritaria.

Es importante saber que para maquetar en papel debemos diferenciar entre la maquetación profesional que se puede encontrar en revistas y libros de las editoriales más importantes —trabajo que se realiza con programas de pago como InDesign y QuarkXPress—, y la maquetación que puedes realizar tú mismo, en tu casa y con tu propio ordenador. La buena noticia es que las plataformas de impresión bajo demanda como Amazon Create Space, Bubok, o Lulu no requieren una maquetación profesional, así que estás de enhorabuena: puedes seguir maquetando en Word. Eso sí, es muy importante adaptar el tamaño de la página al tamaño elegido previamente en la plataforma. Suele haber distintas opciones, como el 15x21 cm del libro de bolsillo en Bubok, o los 15,24x22,86 cm de Create Space. Una vez elegido el tamaño, solo tenemos que cambiar los parámetros siguiendo la ruta: «Diseño de página/Tamaño/Más tamaños de papel».

Al realizar el cambio de tamaño lo normal es que nos encontremos con que la caja de texto queda demasiado estrecha y/o rara en la página. Para solucionarlo, podemos jugar con los márgenes marcando la opción «márgenes simétricos», con lo que los márgenes de las páginas pares e impares serán distintos. A continuación, en la pestaña de «Márgenes» del menú anterior, en «Encuadernación» estableceremos el margen interior (por donde se encuadernará el libro) para impedir que quede oculto algo de texto a la hora de la encuadernación. Podemos recurrir al tutorial que ofrece Amazon, donde se indican las siguiente medidas (ya pasadas a centímetros)[6]:

> » De 24 a 150 páginas, margen interior de 0,95 cm.
> » De 151 a 300 páginas, margen interior de 1,27 cm.
> » De 301 a 500 páginas, margen interior de 1,59 cm.
> » De 501 a 700 páginas, margen interior de 1,91 cm.
> » De 701 a 828 páginas, margen interior de 2,22 cm.
> » El margen exterior siempre debe ser, como mínimo, de 0,64 cm.

Con respecto al tipo de letra, si para la maquetación del e-book era obligatorio usar una fuente tipo sans serif, ahora es todo lo contrario: hay que tirar de Times New Roman o alguna que lleve la denominación serif. ¿El motivo? Pues que la letra de este tipo incluye ese pequeño acabado al final de sus líneas llamado serifa —de ahí lo de serif— y que, por increíble que parezca, hace que la vista del lector se esfuerce menos al crearse la ilusión de que los renglones van encajonados en dos líneas horizontales. Es el tipo de letra ideal para grandes cantidades de texto en papel[7]. El tamaño de la letra va a depender a su vez de la extensión del libro, pero lo mejor es que no sea inferior a 10 ni superior a 12.

Otra diferencia con el e-book es que en el libro de papel sí vamos a incluir la numeración de la página, y podemos usar encabezados, pies de páginas y notas al pie, en caso de ser necesario. Muchos escritores, y también editoriales, incluyen el nombre de la obra y del autor alternándose en todas las páginas del libro. Nosotros, sin embargo, siempre vamos a recomendar la página lo más limpia posible, con solo el texto y el número de página, que es, en definitiva, lo único que realmente le interesa al lector.

El libro de papel tiene hojas pares e impares. Es muy importante que la escritura se inicie siempre en página impar, que es la que queda a la derecha para el lector. Los capítulos pueden empezar a la izquierda, aunque es recomendable hacerlo siempre a la derecha, incluso si esto significa que haya que dejar la página anterior en blanco. Tampoco dejes que esto te preocupe demasiado, es solo una cuestión estética. Hablando de estética, procura que el color del papel no sea blanco, pues cansa antes la vista del lector. Es preferible un tono crema o ahuesado.

Con respecto a las características dentro de la sección «Párrafo», debemos marcar «Alineación Justificada», y en «Interlineado» elegir el que más nos guste —aconsejamos evitar el sencillo e ir a por el doble o el de 1,5 líneas, pero va a depender, de nuevo, de la extensión del libro—. Siguiendo las recomendaciones de los hermanos Eduardo y Peio Archanco, hay dos estilos de párrafo dependiendo si la obra es

---

7   Blog de Mariana Eguaras: Qué tipografía usar para libros impresos y digitales. Consultado el 1/03/2016: http://marianaeguaras.com/que-tipografia-usar-para-libros-impresos-y-digitales/

de ficción o no ficción[8]. Para obras de ficción, habría que ir a «Párrafo», poner sangría a izquierda y derecha a 0 cm, en «Especial» poner «Primera línea», y en «Por» 1 cm. En el apartado «Espacio», poner a cero el espaciado «Anterior» y «Posterior». En el caso de obras de no ficción, el orden sería distinto: mantendríamos la sangría izquierda y derecha a 0 cm, pero en «Especial» habría que seleccionar «ninguna» y dejar en blanco «Por». En el apartado «Espacio», el espaciado «Anterior» seguiría a cero, y en el «Posterior» escribiríamos 6 pto.

Finalmente, para meter en cintura las siempre molestas líneas huérfanas (las que se quedan sueltas de su párrafo al final de la página) y las viudas (las que se descuelgan de su párrafo al principio de página), seguimos la ruta «Párrafo/Líneas y saltos de página/Control de líneas viudas y huérfanas».

Sea cual sea la plataforma o imprenta que elijamos, es fundamental hacer pruebas de impresión para asegurarnos de que el libro queda exactamente como nosotros deseamos antes de ponerlo a la venta. Ten en cuenta que, al tener un precio mayor, los errores en libros en papel son más graves y provocan mayores descontentos.

Maquetación
Profesional

Con estas indicaciones, cualquier autor que no tenga mayor conocimiento de informática ni de diagramación podrá maquetar con éxito su libro tanto en formato electrónico como en físico. Siempre tienes la ventaja de que las plataformas te permiten volver atrás y cambiar documentos, por lo que si no estamos satisfechos con cómo nos ha quedado, tenemos la opción de reemplazarlo por otra versión mejor. Si de todas formas esto sigue pareciéndote demasiado complicado, o si te preocupa hacerlo mal, queda la opción de recurrir a un profesional.

El precio para una maquetación del libro en e-book parte de 0,30€/página y la de libro impreso, de 0,40€/página. Ojo, que nos

---

8   Eduardo y Peio Archanco. 7 pasos para autopublicar tu ebook con éxito y llegar al n° 1 de Amazon (2014), página 15.

estamos refiriendo a una maquetación de un libro simple, de solo texto, y apto para impresión bajo demanda. Para libros ilustrados o revistas, el precio de la maquetación puede variar considerablemente, dependiendo de su complejidad, de la cantidad de horas de trabajo necesarias, y del diseño aplicado. Suelen rondar el euro por página, y de ahí para arriba.

Las últimas páginas

Lo que nunca debe faltar en las últimas páginas de tu libro, una vez que el texto está corregido y estamos maquetándolo, es una página que sirva para agradecer al lector su tiempo, y para pedirle que deje comentarios positivos en la plataforma donde se lo descargó y en las distintas redes sociales. Aparte, también debes incluir una introducción sobre ti mismo como autor; una biografía que cuente brevemente quién eres, y donde no falte información de cómo encontrarte en redes sociales.

Una cosa y otra deberían ocupar una página cada una. Puedes optar por no incluirlas, pero lo más recomendable es que estén. Luego, si quieres, pueden ir los agradecimientos propios de la obra que ya tuvieras pensados (tu familia, amigos, pareja, perro, gato, etc.).

2.1.2

Diseño de portada
y cubiertas

Estás a punto de leer una de las cosas más injustas que tú, como autor, podrás llegar a encontrar en un libro, pero no por ello deja de ser cierto: la portada es lo más importante de tu obra. Estarás pensando que ni hablar, que hay cosas bastante más importantes, y tienes toda la razón, pero ello no desmiente lo que hemos dicho antes y que, para que lo tengas muy claro, te repetimos de nuevo: la portada es lo más importante de tu libro. Te vamos a explicar por qué.

A día de hoy, y como escritor independiente que eres, no te conoce nadie, al menos en tu faceta de autor, de creador de ficción. Para la enorme mayoría del público no existes. Que esto no te preocupe, pues se trata de una realidad que estamos trabajando para cambiar, pero hasta el momento es así. Y cuando hablamos de público no podemos incluir a tu familia, amigos, o algunos que hayan tenido la oportunidad de leer algo tuyo. No, para una amplia y aplastante proporción de los lectores, tu nombre no suena, tú no existes. ¿Comprarías tú un libro de alguien de quien no tienes ni una sola referencia? Sabes que lo más seguro sea que no.

¿Qué va a hacer que un lector ávido de una buena historia se decante por tu libro y no otro? Eso es, la portada. Habrá otros elementos de peso como el título, la sinopsis, los comentarios y referencias que consigamos y, sobre todo, la calidad del texto, pero la portada es la cara de tu obra. Es injusto, pero para tu libro no puedes conformarte con una cara que no resulte atractiva: a esta fiesta ha asistido mucha gente y solo los más guapos ligarán.

Nunca vamos a dejar de subrayar la importancia de una buena portada para un autor independiente. Por eso, y porque todavía no hemos alcanzado suficiente estatus como para vender solo por nuestro nombre, recomendamos que contrates a un profesional que diseñe la portada, en el caso del e-book, o las cubiertas (portada + lomo + contraportada), en el caso del libro en papel.

Puedes hacerlo tú, por supuesto, pero a no ser que seas ilustrador o diseñador, no te lo aconsejamos. Incluso si lo eres pero no tienes experiencia en el diseño editorial, tampoco te lo recomendamos. Internet está lleno de ejemplos de portadas desastrosas[9], pero resulta que las mediocres tampoco valen. La cara de tu libro tiene que ser sobresaliente, arrebatadora, no te conformes con menos.

Una vez dicho esto, si eres ilustrador o diseñador, conocerás y utilizarás los mejores programas y herramientas, y si no lo eres, deberías ir pensando en contratar a uno. Un precio razonable para la portada empezaría en unos 150€, y de ahí para arriba, dependiendo del caché del ilustrador y de la calidad del trabajo que solicitemos. Nunca contrates este servicio por menos de este precio pues no va a ser en ningún caso satisfactorio. A partir de unos 40€ más, puedes añadir el diseño del lomo y de la contraportada, imprescindible para los libros en papel.

Podemos buscar a profesionales del diseño y/o la ilustración de calidad en la página especializada Behance[10]. Una vez que hayamos encontrado a un diseñador, lo ideal sería echar un vistazo a su respectivo portfolio y ver si se adecuaría convenientemente a nuestra obra, pues no es lo mismo un ensayo filosófico que una novela romántica o un libro de autoayuda, por ejemplo. Es muy importante acertar con el tipo de diseñador según el estilo de nuestro libro.

A la hora de realizar la portada, trabajaremos codo con codo con el diseñador, primero explicándole los detalles del libro, qué queremos y qué pretendemos. Tendremos que guiarle y elegir los bocetos que más nos gusten. Por supuesto, es vital que el título destaque, sea reconocible, case con los colores de las ilustraciones y, sobre todo, se lea a la perfección. Esto es más importante de lo que parece, sobre todo contando con que, en plataformas como Amazon, la vista general de los rankings de los más vendidos muestra las portadas de los libros en un tamaño muy reducido. Asegúrate de que estas tres características se cumplan a la perfección.

9   Sad and useless. Worst Book Covers on Amazon. Consultado el 02/03/2016: http://www.sadanduseless.com/2013/01/lousy-book-covers/
10   https://www.behance.net/

2.1.3

Sinopsis

La sinopsis es ese texto que siempre acompaña a los libros, ya sea en su contraportada como a su lado en cualquier web, revista, o plataforma. Es breve, y tiene la función de despertar el interés del lector en el libro. Y no, ni es un resumen ni debe serlo.

Por motivos muy en consonancia con lo ya explicado en el apartado dedicado a la portada, la sinopsis tiene una gran importancia a la hora de seducir a nuestro posible público. Vas a necesitar a un escritor creativo para que se encargue de ella. Pero, oye, tú eres escritor y, además, conoces a la perfección el libro, así que ¿quién mejor para este trabajo?

Muchos autores suelen bloquearse a la hora de hablar de su propia obra. O eso, o dominan tan extensamente todas las variables de su escrito que no se ven capaces de sintetizarlo o de escribir sobre él. Si tú eres uno de ellos, no te preocupes, ya que tienes tiempo de ir haciendo pruebas, de enviárselas a tus lectores de confianza, de recibir comentarios, etc. Sobre todo, es importante que no te tomes su redacción a la ligera ni lo dejes para última hora.

¿Qué debe contener tu sinopsis? Es necesario que dé información sobre tu libro, respondiendo a las famosas «6 w» del periodismo (qué, cómo, cuándo, dónde, quién y por qué). Bueno, si te dejas alguna «w» por el camino tampoco pasa nada, pero lo importante es crear expectación y ganas de abrir el libro y empezar a leer.

Siguiendo a la escritora Nerea Nieto, la sinopsis debe ser breve y hablar de la historia de forma simple. Lo esencial es que inste al lector a leer más sin destapar ninguna parte esencial de la trama. Por supuesto, aquí tampoco vendrá mal revisar la sinopsis tantas veces como sea necesario y contar con ayuda de terceros[11].

---

11   Nerea Nieto. Diario de una escritora. Cómo escribir una buena sinopsis. http://nereanieto.com/diariodeunaescritora/blog/como-escribir-una-buena-sinopsis/ Consultado el 02/03/2016

Estos consejos resultan útiles para títulos de ficción, pero si nuestra obra pertenece al apartado de la no ficción, las reglas cambian sutilmente. La especialista en marketing digital, Ana Nieto Churruca, recomienda leer las descripciones de libros de la competencia o similares para asegurarse de que la nuestra destaca, y que el texto responde a las preguntas «¿qué problema resuelvo?», «¿cómo lo resuelvo?», «¿qué beneficio se obtiene al comprar mi libro?», «¿qué aprenderán los lectores que ahora no saben?», y «¿cuáles son mis cualificaciones para escribir sobre el tema del libro?». También recomienda ser específico, claro y directo, usar verbos con garra sin tratar de vender descaradamente, valerse del humor, introducir algún eslogan atractivo, incluir reseñas y comentarios positivos, y añadir una nota personal del autor explicando cómo te enfrentaste y resolviste el problema en cuestión[12].

Si, pese a todo, sigues sin verte capaz de crear una sinopsis lo suficientemente impactante, puedes encargarle a un profesional que se ocupe por ti. Entre cuarenta y cincuenta euros es una cantidad aceptable para este trabajo. Eso sí, asegúrate de encontrar a un profesional del que te fíes, para que el resultado final sea inmejorable.

2.1.4

Título

Como parte integrante de la portada, que, nunca lo olvides, es la cara de tu obra, el título también tiene mucho que decir. No nos engañemos, es bastante difícil encontrar uno de esos títulos impresionantes que son capaces por sí solos de dar ganas de ponerse a leer, pero no por ello nos debemos conformar con lo primero que se nos ocurra. Ten en cuenta que un título poco apropiado, o simplemente malo, puede fastidiar el momento de la compra de tu futuro lector, cosa que no podemos permitir que ocurra. Por ello, si no estás seguro al 100% del nombre de tu obra, recomendamos que le dediques un tiempo de reflexión. Estará bien empleado.

---

12   Ana Nieto Churruca. Triunfa con tu ebook (2015), páginas 64 y 65.

Aquí te dejamos una serie de recomendaciones por si la musa no está por la labor:

» Menos es más: desde la publicación de Los hombres que no amaban a las mujeres se pusieron de moda los títulos laaaargos, o al menos aquellos que seguían el patrón los nosequiénes que hacían nosequé. Podría funcionar, pero en caso de duda es siempre mejor optar por un título corto, simple y directo. Además, las modas terminan pasando en algún momento y tu libro debe sobrevivirlas.

» Asegúrate de que sea reconocible, así como fácil de recordar.

» No uses palabras raras, menos todavía las que resulten difíciles de pronunciar. Por ello, tampoco introduzcas símbolos extraños o elementos impronunciables.

» Huye de tópicos.

» Si la temática de la obra lo permite, usa el sentido del humor.

» Busca inspiración en libros parecidos. En esto importa mucho si el libro es cómico, ya que puedes parodiar títulos de obras muy conocidas.

» Utiliza una frase que te guste o que resulte potente o llamativa del interior de tu propia obra.

» Si se trata de un libro de negocios, autoayuda, o destinado a resolver algún tipo de problema, busca llamar la atención de las personas que podrían estar interesadas en ese tema en concreto.

No es común encontrar a un profesional que ofrezca el servicio de naming (la forma inglesa de llamar al arte de poner títulos). Sin embargo, puedes consultar con los lectores beta y correctores porque ellos te aportarán nuevos puntos de vista.

Lo que sí debe quedar muy claro es que debes emplear en esta tarea todo el tiempo que sea necesario y que, al igual que a un hijo, no debes ponerle el primer nombre que se te pase por la cabeza, sino que has de preocuparte por encontrar el título más conveniente, o el menos malo.

2.1.5

ISBN y Depósito Legal

Ya casi estamos listos para dar el salto a la plataforma de venta, pero primero debemos repasar un par de requisitos legales sobre los que hay mucha desinformación y mucho mito y, por lo tanto, suelen traer de cabeza a los autores independientes: el ISBN y el Depósito Legal.

ISBN

El International Standard Book Number, más conocido como ISBN, es un número identificador internacional para libros con fines comerciales. Cada libro tiene su propio número, que cumple las funciones de una especie de matrícula donde quedan registrados los datos más básicos: país, autor, título, formato, idioma, páginas, precio, etc. Desde 2007, el ISBN consta de 13 dígitos y su propio código de barras.

Ojo, el ISBN no es necesario para autopublicar tu libro, ya que solo es obligatorio en caso de querer venderlo en librerías tradicionales, que pueden ser online si venden a través de internet.

Es muy importante no confundir el ISBN con otros códigos de funcionamiento interno que pueden asignar algunas plataformas de venta. Amazon, por ejemplo, asigna un número propio, el ASIN, que solo tiene validez para uso propio dentro de esta plataforma. Si nuestro libro tiene ISBN y queremos publicar en Amazon no habría problema, ya que al poner el libro a la venta se generaría automáticamente un ASIN.

Si en algún momento deseamos vender nuestro libro en alguna librería, entonces sí que tendremos que conseguir un ISBN. Para ello, en España solo se necesita la documentación personal, DNI/NIE o NIF, y realizar el pago: 45€[13].

---

13   Agencia del ISBN http://agenciaisbn.es/web/autoresedi-tores.php?menu=informacion

2. AUTOPUBLICACIÓN

Depósito Legal

Según la definición que aparece en la documentación de la Biblioteca Nacional de España, el Depósito Legal se refiere a la obligación de depositar ejemplares de las publicaciones de todo tipo con el objetivo de conservarlas y recopilarlas para garantizar el acceso a la cultura, a la información y a la investigación. No es obligatorio para publicaciones de impresión bajo demanda, por lo que, mientras solo tengamos a la venta nuestro libro en plataformas de este tipo, como Amazon o Smashwords, no será necesario solicitarlo.

En caso de que necesites o quieras tramitarlo, tendrás que solicitar un número de Depósito Legal en la oficina de la provincia donde el editor —en este caso, tú mismo como autor— tenga su residencia. Ese número debe ir impreso en el libro desde entonces. La tramitación es gratuita[14].

Aunque el funcionamiento del Depósito Legal es bastante parecido en los países de habla hispana, recomendamos revisar la legislación vigente en cada caso para salir de dudas.

14   Biblioteca Nacional de España. Preguntas frecuentes: Depósito Legal.http://www.bne.es/es/Servicios/PreguntasMasFre-cuentes/docs/Deposito_Legal.pdf

2.2

Las plataformas
de autopublicación

Una vez terminado todo el proceso de edición de nuestro libro, y estando ya seguros de que el trabajo está terminado, llega la hora de dar el salto y mostrar al mundo nuestra obra. Antes de seguir, para tomar un poco de aire y rebajar el vértigo que puede presentarse a la vista de este paso tan importante, nos gustaría incidir en la importancia de presentar el texto completamente terminado: su versión definitiva. Es cierto que buena parte de las distintas plataformas de autopublicación permiten la posibilidad de parar la venta, eliminar y cambiar documentos en cualquier momento, pero esto es algo que solo debemos usar en caso de extrema necesidad, por ejemplo, un error insalvable o algo que haga imposible la lectura de una porción del libro. Lo ideal es trabajar a la perfección nuestra obra para que luego no tengamos que hacer cambios en ella.

El principal motivo es por mero respeto a tus lectores, que a partir de ahora también van a ser tus clientes. Si estás continuamente cambiando las versiones de tu libro, significa también que estás desactualizando a aquellos que te leyeron o, al menos, compraron al principio. Trata a todos tus lectores por igual y solo actualiza la versión de tu libro por una razón de verdadero peso.

El segundo motivo es por tu propia salud mental. Un libro que permanece abierto a revisiones y cambios, y que de hecho no para de ser revisado y cambiado, se convierte en un quebradero de cabeza para su autor. Es muy frustrante entablar conversación con uno de nuestros lectores sobre nuestra propia obra y no saber a qué versión se está refiriendo. ¿Qué hacer entonces? ¿Pedirle que se compre la nueva? ¿Regalársela? Ninguna opción parece una buena idea y, además, afecta a tu imagen de escritor profesional, cosa que, como veremos más adelante, hay que cuidar al milímetro.

Habiendo aclarado este punto y cogido aire, vamos a hacer un muy breve repaso a las distintas plataformas de autopublicación disponibles en la actualidad.

» Amazon[15]: el gran gigante, el que más vende, el más controvertido, el que está en todas partes y el que, al mismo tiempo, más fácil y más difícil se lo pone a los autores. Es obligatorio publicar nuestro libro aquí, pero no así darle la exclusividad de la venta con el formato KDP Select. Esto va a depender en gran medida de la estrategia a seguir, tema candente que trataremos en la siguiente sección. Sus dos herramientas de venta son Kindle Direct Publishing, para e-books, y Create Space, para papel.

» Google Play[16]: otro monstruo, en esta ocasión perteneciente al todopoderoso Google. Se trata de la tienda virtual de los usuarios del sistema operativo Android, presente en la inmensa mayoría de móviles y tablets.

» iBooks Store[17]: el tercero en discordia. Usar esta herramienta significa poner a la venta nuestra obra para los usuarios de Mac en 51 países, 15 de ellos de habla hispana, además de Estados Unidos, que, recordemos, cuenta con unos 39 millones de hispanohablantes.

» NookPress[18]: perteneciente a la importante cadena de librerías Barnes & Noble. Está por completo en inglés, pero tiene un apartado dedicado a los libros publicados en español.

» Smashwords[19]: más que de una plataforma de autopublicación, se trata de una plataforma de distribución gratuita que «coloca» nuestra obra en otros portales importantes como iBooks Store, NookPress y Kobo. En Amazon, por contra, no.

» Kobo[20]: la tienda destinada a los lectores electrónicos Kobo y sus millones de usuarios por todo el mundo.

» Bubok[21]: plataforma española que vende libros en formato digital y físico, con salida en distintos países de lengua castellana como México, Argentina y Colombia.

» Lulu[22]: también ofrece la posibilidad de vender libros electróni-

---

15   http://www.amazon.com
16   http://www.play.google.com
17   http://www.apple.com/ibooks
18   http://www.nook.barnesandnoble.com
19   http://www.smashwords.com
20   http://www.kobobooks.com
21   http://www.bubok.es
22   http://www.lulu.com

cos y de papel. Además, distribuye a otras plataformas donde se encuentran Amazon, iBooks Store y Nook.

» Autopublicación Tagus[23]: el portal de autopublicación de La Casa del Libro, la principal librería de España. Sus canales de distribución, entre los que se encuentra El Corte Inglés, se limitan básicamente a este país, donde tienen gran proyección e influencia.

» Grammata[24]: también desde España, esta es la tienda de los e-readers Papyre. No hay que subestimar la importancia de este escaparate, que vende también a países como México, Colombia y Argentina.

» Pronoun[25]: nueva plataforma que busca hacerse un hueco en el mercado de la autopublicación ofreciendo lo que ningún otro: unas regalías del 100% para el autor.

» Lektu[26]: para finalizar, una plataforma de venta sin DRM especializada en ciencia ficción, fantasía y terror. Es sencilla de usar y sus precios son más que razonables.

23   http://www.casadellibro.com/autopublicacion
24   http://www.grammata.es
25   http://www.pronoun.com
26   http://www.lektu.com

2.2.1

¿Dónde publicar?

En la actualidad, esta simple pregunta centra uno de los debates más candentes sobre la autopublicación. En principio no habría ningún problema, cada cual es libre de poner a la venta su obra en el portal que crea conveniente y todos contentos. El problema aparece cuando Amazon entra en escena con su herramienta KDP Select, servicio que ofrece unas ventajas inmejorables en la tienda que más libros vende de todas a cambio de cederle la exclusividad de explotación de tu e-book durante los 90 días siguientes a la publicación. Sí, estos días son los que marcarán si un libro se convierte en superventas o no.

A partir de este punto, ninguno de los expertos en el tema se pone de acuerdo. Algunos defienden la libertad de publicación sobre todas las cosas[27] y otros, sin embargo, no ven con tan malos ojos venderle su alma a Amazon[28].

Siguiendo un interesante e ilustrativo artículo de la web Bebookness[29], vamos a hacer un breve repaso a los pros y a los contras.

A favor tenemos:

» Al publicar en KDP Select nuestro libro entraría en los programas de préstamo de Amazon: Kindle Unlimited y Kindle Owners' Lending Library. Esto significa, por un lado, más ganancia en concepto de derechos de autor por cada préstamo, y por otro, mayor visibilidad. Además, con estas herramientas nuestra

---

27   Lifestyle al cuadrado. Por qué no me encerré en la cárcel de Amazon para publicar una novela. Eduardo Archanco. 6/03/2016https://www.lifestylealcuadrado.com/publicar-una-novela/ Consultado el 06/03/2016
28   Blog de Mariana Eguaras. Amazon será un diablo, pero es endiabladamente bueno. http://marianaeguaras.com/amazon-sera-un-diablo-pero-es-endiabladamente-bueno/ Consultado el 07/03/2016
29   Bebookness. Pros y contras de publicar solo en Amazon. Consultado el 07/03/2016 https://blog.bebookness.com/pros-y-contras-de-publicar-solo-en-amazon/

obra llegará a todas las tiendas de Amazon en todo el mundo, no solo la de España.

» Las herramientas exclusivas de KDP Select como Kindle Countdown Deals, (consistente descuentos promocionales con carácter temporal), y Free Book Promotion (la famosa promoción de 5 días gratis) que ayudan a posicionar los libros en los primeros puestos de ventas.

» Otra ventaja adicional es la facilidad de manejo. Amazon, de por sí, es la plataforma más intuitiva y fácil para el autor. Además, es más simple realizar cambios estratégicos en una sola plataforma que en varias, ya que cada una cuenta con su propio funcionamiento y reglas.

» A estos pros, podemos añadir que Amazon, además, es más dado a implementar técnicas para conseguir la compra impulsiva, cosa que, si bien es posible que no nos dé nuevos lectores de por sí, sí que ayuda a escalar en los rankings. Y esto, a su vez, sirve para destacar y lograr más ventas y, por lo tanto, más lectores.

Y en contra:

» Obviamente, la falta de libertad para publicar en otras plataformas durante esos 90 días es lo más llamativo. Pero sí que puedes vender el libro en papel en otras tiendas, como nos recuerdan en Bebookness.

» Amazon tampoco controla, de momento, el mercado en español como lo hace en los países anglosajones.

Añadimos otros dos importantes contras de nuestra propia cosecha:

» Si solo vendemos nuestro e-book en KDP Select, estaremos perdiendo muchos clientes potenciales cuyos e-readers no leen los archivos de Kindle, «.mobi». Tener nuestro libro en formato «.epub», el más usado, es una garantía de accesibilidad, aunque también es cierto que se puede instalar el lector Kindle en la mayoría de tablets.

» Por otro lado, creemos que no es positivo fortalecer a una sola empresa, ya que esto puede llevar, a la larga, a prácticas monopolísticas que terminan siendo perjudiciales para todos.

Las conclusiones a las que llegan en este artículo también pueden ser de utilidad. Por su capacidad de lograr mucha visibilidad con poco, KDP Select resulta más adecuado si tenemos publicado un único libro, o si tenemos traducciones, sobre todo en inglés, del mismo. Para el resto de casos, en Bebookness apuestan por diversificar como modo de ver crecer las ventas globalmente.

Pese a lo complicado del asunto, nosotros aconsejamos, aunque solo sea en esta ocasión, venderle el alma al diablo. No te preocupes demasiado por ello, de todos modos no se espera que ningún escritor vaya al cielo.

2.3

Publicación
en Amazon

Una aclaración antes de seguir. A nosotros no nos paga Amazon. No tenemos ningún especial interés en que a esta corporación le vaya mejor de lo que ya le va. De hecho, y si nos apuras, no estamos de acuerdo con sus prácticas fiscales, y tampoco vemos del todo bien su política expansionista y la tendencia que ello conlleva: el arrinconamiento de las tiendas y distribuidores tradicionales. En cierto modo, resulta incluso preocupante la deriva que esto pueda tomar en el futuro, ya que los planes a largo plazo de Amazon no se ven del todo claros. En resumen, que si el mundo siguiera las reglas de un cómic de superhéroes, Amazon sería el malo malísimo. Uno de ellos.

Y a pesar de todo esto, pretendemos convencerte de que confíes tu obra a esta corporación. Pues sí, con toda honestidad además, ya que, por el momento, es la mejor opción de la que disponemos para llegar a la mayor cantidad posible de público. Siendo egoístas, pensando únicamente en nuestra obra y en nuestro futuro como autores, a día de hoy es el paso que todo escritor indie necesita para hacerse un hueco en este mercado, algo que, con la cantidad creciente de nuevos autores, no es tan simple. Además, tres meses pasan volando y luego podrás publicar tu obra en otras plataformas y así redimir tus pecados. Los editoriales al menos.

2.3.1

Subir nuestro libro

Como la autopublicación es una carrera donde hay tanta cantidad de participantes, debemos estar atentos y cuidar cada detalle, por nimio que a primera vista pueda resultar, desde el primer minuto. No podemos dejar nada a la improvisación y todos nuestros pasos deben estar calculados desde el comienzo. Es la única forma de tener opciones de destacar entre la vasta oferta de libros de este gigante. Pero no te desmoralices, ya que siguiendo los pasos que a continuación te vamos a ir dando, verás cómo no es necesario ser un experto en marketing para posicionarse correctamente y vender un buen montón de libros.

Lo primero que vamos a hacer es publicar nuestro libro en formato electrónico. Ya sabemos que estás deseando oler el papel de las páginas de tu libro, pero por el momento debes esperar. El motivo de esta decisión es que vamos a empeñarnos en ganar una buena posición para nuestro e-book, que, debido a su bajo coste y a las herramientas de promoción, es más fácil de vender. Luego, tras un tiempo prudencial en el que veremos cómo funcionan nuestras estrategias de promoción y venta, pasaremos a subir el libro también en papel.

Establecido esto, vamos a acudir a Amazon.com y crear una cuenta en Kindle Direct Publishing.

Procedemos ahora a mostrarte los pasos tal y como se nos presentan en la web.

PASO 1:
Su libro

Debes rellenar todos los campos sobre tus datos, incluyendo los fiscales. Ten en cuenta que Amazon, de entrada, te va a retener el 30% de tus ganancias en concepto de impuestos, tal y como exige la ley de Estados Unidos. Si tú no eres ciudadano estadounidense, y tus ingresos no están relacionados con un negocio o comercio de los Estados Unidos, tienes derecho a solicitar una rebaja que se adecúe a la imposición vigente en tu propio país[30]. Sigue las instrucciones con detenimiento e introduce tu número de Documento Nacional de Identidad si eres particular o autónomo, y tu Código de Identificación Fiscal si te inscribes como una empresa. Merece la pena el trámite, ya que esta carga impositiva se reduce hasta el 5% para España, o el 10% para México, por ejemplo. Si todo está correcto, deberíamos recibir al instante la confirmación por parte de Amazon, aunque a veces puede demorarse unas horas, incluso días.

Una vez que recibimos el OK, entramos en KDP Select y pinchamos en «Crear nuevo título», procediendo a rellenar los datos de nuestro libro. Es muy simple, pero ve con calma leyéndolo todo muy bien, pues no conviene cometer errores, aunque luego siempre se puede cambiar. No olvides marcar la opción «Inscribir este libro en KDP Select (90 días)» justo antes del título.

Es muy importante que no dejes en blanco el campo «Subtítulo» aunque tu libro carezca de uno. En él puedes aportar datos adicionales sobre la obra que te quedes sin introducir en las palabras clave, o bien podrás indicar otro de los géneros del libro más allá de las dos subcategorías elegidas. Esto posicionará mejor tu obra entre los buscadores, sobre todo el interno de la tienda de Amazon, con lo que ayudará a los lectores a encontrarla.

En «Descripción» introduciremos la sinopsis y, si hemos hecho bien nuestros deberes, tendrá una extensión corta, por lo que debería sobrar bastante espacio. Aprovéchalo al máximo colocando comentarios de lectores conforme vayan apareciendo, así como fragmentos interesantes de reseñas en blogs u otros medios. Como veremos más adelante, en este apartado puedes editar en HTML; usa esta herramienta para hacer más interesante el texto con cursivas, negritas, subrayado, hiperenlaces, etc.

Obviamente, debes marcar la opción «Yo poseo los derechos de este libro», a no ser que estés subiendo una obra que no sea de tu autoría y cuyos derechos no presenten ninguna carga.

A continuación, llega uno de los pasos clave: «Categorías». Debes elegir dos, las que consideres que etiquetan mejor tu obra. Te conviene ser tan específico como puedas y no decantarte por géneros demasiado generales, pues ahí siempre se va a encontrar mayor cantidad de libros, lo que implica mayor competencia. Si piensas que especificando tanto corres el riesgo de quedarte fuera de una categoría a la que perteneces, siempre puedes introducir esta información extra, como ya comentamos, en el apartado «Subtítulo». Es muy importante que cuando toque seguir estos mismos pasos para subir el libro físico, elijamos subcategorías distintas a las del e-book, lo que aumentará las opciones de aparecer en distintos rankings y dará, por lo tanto, mayor visibilidad.

Seguimos. Deja en blanco los campos «Clasificación por edades» y «Clasificación por grados del sistema educativo estadounidense» a no ser que te interese expresamente rellenarlos. Ahora llegan las «Palabras clave». Son vitales. Ana Nieto Churruca recomienda recurrir a dos herramientas muy útiles: Google Keyword Planner[31] y el buscador de Amazon[32]. Con la primera podemos ver el número de búsquedas en Google de palabras clave en concreto y sus alternativas. Debemos elegir con sabiduría, tratando de evitar términos demasiado genéricos o demasiado poco exitosos. También hay que tener en cuenta que, siempre y cuando se separen por comas, se pueden usar frases cortas como: fantasía medieval, espada y brujería, fantasía y magia, etc. Haz pruebas, tantas como puedas, usando las alternativas que te dará la aplicación. La otra herramienta, el buscador de Amazon.com, más concretamente el de Kindle Store, muestra búsquedas exactas más repetidas por los usuarios. Ahí escribiremos las palabras clave que traemos de nuestra investigación anterior con Google Keyword Planner y dejaremos que el buscador rellene automáticamente y muestre, justo por debajo del recuadro donde estamos escribiendo, otras palabras o frases relacionadas. Las primeras son las más populares, pero el orden puede variar dependiendo de tus propias búsquedas, así que usa el «modo incógnito» de tu navegador.

---

31   https://adwords.google.com/KeywordPlanner
32   Ana Nieto Churruca. Triunfa con tu ebook (2015), páginas 34-43

El siguiente paso, «Fecha de lanzamiento», también es muy importante, ya que nos permite poner nuestro libro en una preventa de hasta 90 días antes del lanzamiento oficial. Esto puede ser utilizado como una estupenda herramienta de promoción, ya que, aunque el libro no esté todavía disponible, los clientes ya lo están viendo y pueden ir encargando su copia (que les llegará el día oficial de la publicación). Esto nos dará bastante visibilidad, pues la obra entrará en los rankings desde el primer momento en que esté en la preventa. Más adelante explicaremos con mayor detalle cómo utilizar esta opción como una efectiva herramienta de promoción.

Otro punto que no debemos pasar por alto es el referente al DRM (siglas referidas a Digital Rights Management o gestión de derechos digitales) en el apartado «Subir el archivo del libro». El DRM sirve para que nadie pueda leer nuestro e-book fuera del e-reader donde ha sido descargado originariamente, o lo que es lo mismo, para prohibir que el comprador preste tu libro a otra persona para que lo lea en su propio lector electrónico. ¿Te parece buena idea? Nosotros tenemos nuestras reservas, por los motivos que explicamos a continuación:

» Los compradores se lo piensan más antes de hacerse con un libro con DRM que no podrán prestar ni usar en ningún otro lector, sobre todo existiendo tanta variedad de otros títulos sin esta restricción.

» Si algún pirata desea romper la protección de tu libro y compartirlo donde le plazca, va a terminar haciéndolo por mucho DRM que le pongas.

» Y por último, pero no menos importante, en este momento en el que todavía no somos lo suficientemente conocidos, lo mejor que nos puede ocurrir es que alguien nos lea. Si hay alguien interesado en leernos, aunque no nos llevemos nada por ello, es una maravillosa señal, ya que indica que estamos construyendo una comunidad de lectores y aficionados a nuestros escritos. Esto puede que cueste unas cuantas ventas, pero será de gran utilidad en un futuro no tan lejano.

Piénsatelo bien antes de marcar esta casilla, ya que una vez activado el DRM, ya no puedes deshacerlo.

En el apartado «Vista previa del libro», podremos ver cómo quedará definitivamente nuestra obra en el Kindle de los lectores. Si hemos trabajado bien la maquetación y hemos hecho una conversión correcta, aquí no debería haber sorpresas. No obstante, no estaría de más una nueva revisión, por si las moscas.

PASO 2:
Derechos y Precios

Una vez que le has dado a «Guardar y continuar», puedes comenzar en este nuevo paso. Lo primero es marcar que posees los derechos mundiales, lo que es lo lógico si tú eres el autor.

En «Establecer precio y regalías», puedes elegir el 35% o el 70% de las ganancias generadas por cada copia vendida, también conocidas como regalías o royalties. Obviamente, tú prefieres ganar más, nadie te va a juzgar por ello. Solamente debes saber que si quieres llevarte la tajada más grande, tu e-book tiene que llevar un precio entre 2,99 y 9,99$ (entre 2,70 y 9€, aproximadamente y siempre dependiendo del dichoso cambio de divisas) más IVA. De esta forma, Amazon premia a aquellos autores que optan por precios razonables, que no se pasen ni por mucho ni por poco, aunque ya te vamos adelantando que la mayoría de autores autopublicados opta por poner su libro a 0,99$, como veremos en la siguiente sección. Tienes que saber que puedes cambiar el precio cuando quieras, pero que estará siempre sujeto a estas reglas y siempre en dólares. No te preocupes porque Amazon hace automáticamente el cambio a las divisas correspondientes en el resto de tiendas.

La opción «Kindle Matchbook» es muy interesante para cuando subamos también nuestro libro en papel, ya que ofrecerá al comprador ambos libros —digital y físico— por un precio promocional reducido. Una forma sencilla de aumentar nuestras ventas.

«Préstamo de libros Kindle» permite a tus compradores prestar tu libro a algún conocido hasta 14 días después de haberlo adquirido. Puedes negarte a ello, pero es obligatorio si quieres optar al 70% de los royalties.

Marca la casilla que indica que posees los derechos de la obra «Confirmo que poseo todos los derechos necesarios, etc.» y dale a «Enviar para contenido en preventa».

2.3.2

Jugando con los precios y las promociones

Como habrás podido comprobar, en este manual damos mucha importancia al hecho de posicionarnos en los primeros puestos del ranking de los libros más vendidos. Esto no se debe a la intención de alimentar el orgullo del autor, sino que se trata de algo meramente práctico, ya que en una web que recibe tanta cantidad de visitas como Amazon, y donde se venden tantísimos libros a diario, estar bien posicionados nos da mayor visibilidad que el escaparate de la mejor librería del mundo. Por lo tanto, conseguir muchas descargas servirá para atraer a nuevos compradores. Y además, gratis. Por eso mismo, todas nuestras acciones van a ir encaminadas a estar ahí, en lo más alto, y conseguir con ello la denominación de best-sellers.

Ya lo comentamos anteriormente: Amazon permite que cambiemos el precio de nuestro libro tantas veces como queramos, o, más bien, tantas veces como podamos, ya que cada vez que hacemos un cambio de este tipo hay que esperar unas horas hasta que se hace efectivo. Nuestro consejo es que no cambies de precio más que para las promociones que ofrece KDP Select. Esto te ayudará a construir una reputación de escritor serio, y tus lectores/compradores no se sentirán engañados si ha habido una rebaja repentina e inesperada.

Por ello debemos encontrar un precio tipo para nuestra obra antes de tener el libro a la venta. Este precio debe fijarse, según indica Alejandro Capparelli, considerando factores como el mercado de e-books, la calidad de nuestro material y nuestra propia imagen como autores[33]. La mala noticia es que, por el momento, al no ser todavía suficientemente conocidos como escritores, la calidad de nuestro material y nuestra imagen van a quedar relegados por la implacable dictadura del mercado. Debemos, pues, estudiar los precios de los libros —los autopublicados, no los de las editoriales profesionales, que siempre son más caros— que mejor se están vendiendo en nuestras categorías. En consecuencia, debemos poner un precio acorde que se mantenga competitivo.

Seguimos con las malas noticias, y es que no hay una ley de precios más allá del baremo de los que permiten recibir el 70% de regalías, esto es, la barrera de los 2,99 por abajo y 9,99$ por arriba. Muchos autores ponen sus libros a precios ridículos independientemente de la extensión, tirando por tierra así el valor de su obra en particular, y de la literatura en general. Nunca te vamos a aconsejar hacer algo así con tus escritos. Por eso, creemos que debes mantener en los precios que posibilitan los royalties del 70%, aunque sea el mínimo. Hay una excepción para esto, y es que nuestra obra tenga una extensión demasiado corta, alrededor de 50 páginas o similar. Entonces sí es lógico y ético que el e-book tenga un precio más reducido. De cualquier modo, y como veremos más adelante, realizar un buen trabajo de promoción y aprovechar las herramientas de KDP Select debería bastar para conseguir un buen resultado sin tener que arrastrarse por el fango de los saldos literarios.

Preventa y oferta de lanzamiento

Como ya comentamos anteriormente, la preventa va a ser una gran aliada a la hora de ganar visibilidad cuando todavía el producto no está disponible. Para que tenga un mayor efecto, debemos tener muy clara la planificación de la publicación; aquí no vale publicar de un día para otro.

33   Alejandro Capparelli, Edición Indie (2015), página 115.

» Primero de todo hay que establecer una fecha de publicación interesante, que no se solape con ningún evento importante o festividad que se lleve todo el protagonismo. Los domingos son tradicionalmente buenos días de venta, por ejemplo. Aprovecha también el inicio de vacaciones, sobre todo las estivales, que es el momento en el que más se suele leer.

» Debemos maniobrar con tiempo de sobra, como mínimo 4 semanas, para estar preparados, tener claros nuestros objetivos y saber cómo reaccionar a posibles imprevistos.

» Es vital fijar un precio especial de lanzamiento solo válido para quienes compren el libro durante este periodo. Es una forma de premiar a aquellos que apuestan por nuestra obra en un momento en el que todavía no hay valoraciones ni comentarios.

» Una vez publicado el libro, sería interesante establecer otro precio más alto, pero todavía reducido. Esto se entendería como una oferta de lanzamiento, y duraría, como máximo, la primera semana.

» Moviliza a tus contactos empezando por los más cercanos. Anuncia la publicación sin bombardear ni resultar pesado ni abusivo. Asegúrate de que la gente de tu entorno más inmediato sabe que vas a publicar el libro, usando mensajes privados, emails —no de forma masiva, por favor— y otros medios offline del mundo real. También es interesante hacerles saber que existe la preventa, un precio especial de lanzamiento y la posibilidad de dejar comentarios positivos en Amazon.

» No queremos resultar repetitivos, pero allá vamos: no seas cargante. No te conviertas en ese tipo que ha escrito un libro y lo va aireando a los cuatro vientos mañana, tarde y noche. Aprovecha la ventaja que da fijar una fecha de lanzamiento y usa ese tiempo para llegar a tus primeros compradores de forma natural y relajada. Huye de eslóganes publicitarios vacíos y frases hechas como «la novela revelación del año», «engancha desde la primera página», «no dejes escapar la oportunidad», etc.

» Es cierto que cualquier persona puede ser un comprador en potencia, pero no te vuelvas loco con esta idea. Busca aliados que compartan tus mismos intereses, que puedan disfrutar de la lectura. Hazles saber de la preventa y/o guíales hacia la sinopsis. Convénceles, siempre dentro de los buenos modales y el respeto, de lo importante que es para ti que compartan la información entre sus contactos. Pero, sobre todo, conciénciate de que debe ser una campaña limpia, y que funciona poco a poco.

Si todo marcha de forma correcta, y solo contando con tus círculos cercanos, podemos conseguir unos números de lanzamiento más que aceptables. Esto no significa que puedas dormirte en los laureles, pues la parte más exigente de la campaña de venta no ha hecho más que empezar, pero ya cuentas con una buena base de ventas, que, además, se convertirá en tus primeros comentarios positivos. Como veremos más adelante, tener buenas puntuaciones provocará la curiosidad de cualquier comprador que aparezca por allí, ya que el usuario de Amazon —si alguna vez has adquirido algo en esta tienda lo sabrás— se deja llevar por los comentarios de otros clientes antes de realizar una compra.

Mantente ocupado en asegurarte de que todos tus conocidos más cercanos te dejan sus comentarios, esto te ayudará a mantener las ventas y a recibir nuevos comentarios, con lo que venderás más y... Efectivamente, es una rueda que te conviene mantener en marcha, sobre todo en las primeras semanas.

Aprovecha el tirón de estos primeros compases. Haz capturas de pantalla donde se vea que tu libro está entre los más vendidos. Compártelo, de nuevo sin pasarte.

Un consejo: abstente de la tentadora práctica de dejarte valoraciones y comentarios positivos a ti mismo. Esto se nota y queda bastante peor que chapucero.

Las promociones
de KDP Select

Las herramientas de promoción de KDP Select son opcionales, pero nosotros vamos a usarlas todas, ya que es uno de los principales motivos que nos llevaron a «casarnos» con Amazon (durante 90 días, al menos).

La primera de ellas es la ya famosa «Promoción de libro gratuito», donde contaremos con 5 días —los que queramos, consecutivos o no, siempre que estén dentro de los 90 que hemos aceptado con KDP Select— para ofrecer nuestro libro gratis. Sí, has leído bien, gratis. No, no nos hemos vuelto locos, es una idea estupenda. Como ya hemos venido comentando, cuanto más alto se encuentre nuestra obra en los rankings, mayor visibilidad tendrá y esto nos llevará a vender más. Esta promoción, si bien no nos va a hacer ganar dinero directamente con las descargas gratuitas, sí que va a ayudarnos a ascender en las clasificaciones de los más vendidos, lo que, indirectamente, nos llevará a vender más. Quid pro quo, Clarice.

Tienes la opción de elegir qué días vas a llevar a cabo esta promoción, por lo que va a depender de ti. Recuerda que los días con mayor número de ventas generales son los domingos, seguidos de lunes, sábados, festivos, viernes y jueves, por ese orden. Recuerda también que las ventas literarias y de ocio aumentan en los inicios de periodos vacacionales, siendo el verano el rey. Con estos datos, Javier Carbajal recomienda dos mini campañas. La primera sería no mucho después del lanzamiento y ocuparía tres días: domingo, lunes y martes. La segunda, con los dos días restantes, vendría unos dos meses después, y repetiría domingo y lunes[34].

De nuevo, será muy positivo que planifiques estas promociones calendario en mano incluso antes de publicar el libro. Esto te permitirá anunciarlas convenientemente, incluso usando publicidad de Facebook o Twitter, cuyos sistemas de segmentación ofrecen una interesante relación precio/impacto en nuestra audiencia objetivo —ya hablaremos de esto más adelante—. También debes saber que la «Promoción de libro gratuito» ayuda pero no es la panacea, ya que como señala Nerea Nieto, Amazon no valora igual las ventas gratuitas que las pagadas[35].

La siguiente bala que debemos disparar lleva el sugerente nombre de «Kindle Countdown Deals», y tiene un funcionamiento un poco

34   Ciberautores.com. ¿Qué hay detrás del programa KDP Select para escritores de Kindle? Javier Carbajal. Consultado el 13/03/2016. http://www.ciberautores.com/kdp-select.html#. VuWddPkrLIU

35   Diario de una escritora. Qué es KDP Select y por qué te interesa. Nerea Nieto. Consultado el 13/03/2016. http://nereanieto.com/diariodeunaescritora/blog/que-es-kdp-select-y-por-que-te-interesa/

más elaborado. Se trata de una cuenta atrás de hasta 7 días, en la que nuestro libro será ofrecido a un precio inicial mucho menor del original y, con el paso de los días, irá subiendo hasta finalmente alcanzar el precio normal. Tú eliges cuántos saltos quieres que haya en esta cuenta atrás y qué precios debe haber, teniendo siempre en cuenta que tienen que subir. Se trata de una única promoción en los 90 días acordados y, al igual que ocurrió con la «Promoción de libro gratuito», debes encargarte de llegar correctamente a tu audiencia. Mójate y haz descuentos suculentos, pues estas ventas pueden hacerte subir como la espuma.

Por supuesto, una promoción tan potente tiene condiciones, como que no se puede utilizar hasta 30 días después de habernos inscrito en KDP Select, que no debemos haber realizado ningún cambio de precio en este tiempo (manteniéndonos siempre entre 2,99 y 9,99€), que no podemos modificar el precio hasta dos semanas después de esta promoción, y que solo podemos usarlo hasta dos semanas antes de terminar los 90 días de KDP Select. Ten todas estas reglas en cuenta a la hora de planificar tu estrategia.

Además de estas dos útiles herramientas, Amazon incluye nuestro libro, nos guste o no, dentro de los programas «Kindle Unlimited» y «Préstamos de libros Kindle», como ya comentamos. Son dos servicios de Amazon para sus clientes. Solo el primero nos reportará dinero si alguien adquiere nuestro libro de esta forma. Su funcionamiento es sencillo: a cambio de 9,99$ mensuales, Amazon ofrece a sus clientes acceso a todos los libros que deseen, o tengan tiempo de leer en ese plazo, de entre una selección de más de un millón de títulos. Por su parte, no recibiremos nada del préstamo de nuestra obra en «Préstamos de libros Kindle», servicio ofrecido a los usuarios de Amazon Prime. Que esto no te entristezca, ya que, por el momento, todo lector que podamos tener es algo que nos beneficia.

2.3.3

Algunos trucos extra

Si has seguido con atención todos los pasos y recomendaciones que te hemos ido comentando hasta ahora, habrás podido comprobar lo complejo que resulta la publicación en Amazon. Todas las actividades que llevemos a cabo desde ahora deben estar encaminadas a seducir a Amazon y su buscador. Cuantos más pasos acertados demos, mejor nos va a tratar el sistema interno de esta gigantesca tienda.

Ahora vamos a repasar algunos trucos que, sumados a los consejos que ya llevamos, y los que faltan por llegar en las siguientes secciones relativas a la comunicación, le van a dar empujoncitos a nuestra obra para que se mantenga ahí arriba el mayor tiempo posible.

» Como ya comentamos, la descripción de nuestro libro (el lugar donde deben ir la sinopsis y otros detalles de interés) permite la edición en HTML. Aunque lo parezca, programar texto en HTML no es nada complicado, siempre y cuando contemos con un poco de cuidado, paciencia y muchas dosis de prueba-error. Además, existen guías online muy completas y fáciles de encontrar en cualquier buscador. También puedes probar tus textos en HTML en páginas que prestan este servicio. Usa esta herramienta de edición para introducir elementos que te ayuden a destacar. Y si no te atreves a hacerlo por ti mismo, pide ayuda a algún informático: es muy simple y lleva poco tiempo y dinero.

» Una de las ventajas de estar en Amazon.com es la posibilidad de contar con una página de autor. Se trata de una página de perfil dedicada a escritores que tienen sus obras en Amazon. Es muy completa, y en ella puedes incluir, además de tus datos personales y de contacto, tu biografía, tus obras, enlaces a tu blog y redes sociales, e incluso fotos y videos. Esta herramienta te ayudará a ser identificado y, conforme tu obra vaya aumentando, se volverá más y más importante para los usuarios de esta tienda, ya que aparecerá un enlace que lleve a la misma desde tus libros, ayudando a crear una interesante rueda de información sobre ti y tu obra.

» Actualiza la información disponible sobre tu libro. Renueva la descripción del libro con extractos de comentarios positivos que hayan aparecido en otros lugares, o con información de interés que anime a la compra. No dejes tu obra abandonada y ten la costumbre de entrar a ver cómo va, por lo menos dos o tres veces a la semana.

» Pon a la venta tu libro en papel antes de que pase el primer mes de la publicación. Esto reforzará tu posicionamiento.

2.3.4

Subir el libro en papel

Con nuestro libro dando sus primeros pasos amazoneros en formato digital, podemos ir pensando en buscar la parejita. Nuestro libro en papel, de una vez por todas. Debes saber que, pese a tus gustos personales y demás creencias generalizadas, en realidad el libro físico tiene menos peso en el cómputo global de las ventas, por lo que no va a ser más que un buen complemento de lo que realmente importa: el e-book. Sabemos que emocionalmente es más bien al contrario, pero, como suponemos que ya empiezas a comprender, este mundo de la autopublicación tiene sus propias reglas.

Para la publicación de nuestra obra en papel no tenemos por qué contar con Amazon; aquí no hay promociones especiales, ni 90 días de exclusividad, ni nada de eso. De modo que eres libre de subir tu libro a la plataforma de impresión bajo demanda que más te guste, incluso puedes encargarte tú mismo de ir a una imprenta y sacar unas cuantas copias para vender/regalar por tus propios medios y como más te convenga. Sin embargo, y decidas lo que decidas, por comodidad, relación calidad/precio, eficiencia, y para apoyar a nuestro e-book, no puedes dejar de publicar en Amazon.

La plataforma de esta tienda para poner a la venta libros en formato físico se llama CreateSpace y la mala noticia es que no está disponible en español. Debemos registrarnos aquí también, con el email que usamos para nuestra cuenta de KDP u otro distinto. Los pasos a seguir son muy similares a KDP, con algunas diferencias, como la necesidad de señalar si el interior del libro será a color o b/n, así como el tamaño que tendrá. Algo que nunca nos cansaremos de decir es que siempre es preferible el papel color crema antes que el blanco, aunque resulte más caro. La vista de nuestros lectores lo agradecerá.

Es importante subir las cubiertas del libro en formato PDF, sabiendo que, a diferencia del e-book, con solo la portada no nos vale: necesitamos un lomo y una contraportada, tal y como vimos en el capítulo anterior. Como también dijimos en su momento, necesitamos una cubierta atrayente y de calidad, por lo que obviaremos las plantillas que aquí se ofrecen. También debemos tener en cuenta detalles como que el ancho del lomo —esto es, el grosor del libro— va a depender del número de páginas de la obra, que hay que dejar un espacio en la esquina inferior derecha de la contraportada para el código de barras, y que debemos elegir un acabado mate y nunca, nunca, nunca uno brillante.

Si hemos realizado una maquetación correcta, subir el libro a CreateSpace no debería ser demasiado problemático, pero no está de más echar un vistazo a la herramienta «Interior Reviewer», una vez que hemos subido el PDF del manuscrito.

CreateSpace, además, le va a asignar un ISBN gratuito a nuestro libro, pero no servirá si queremos usarlo en canales distintos a este. Como ya dijimos en su momento, podemos usar nuestro propio ISBN en caso de que nos hayamos hecho con uno. Que no se te olvide que una vez asignado un ISBN ya no podrás cambiar ni de título ni de formato (edición de bolsillo, tapa dura, etc.), así que tendrás que estar muy seguro antes de darte de alta.

Una vez más, tenemos que subir toda la información del libro, como resumen, sinopsis, datos del autor, etc., ya que CreateSpace trabaja de forma completamente independiente a KDP. No se nos puede olvidar elegir una categoría distinta a las del e-book, lo que servirá para aumentar los canales que atraigan a los posibles lectores a nuestro libro —Amazon reconoce título y autor y se encarga de igualar ambos productos como uno solo—. También habrá llegado el momento de activar Kindle MatchBook, aplicación que permitirá a los compradores de tu libro en papel adquirirlo también en formato electrónico por un precio reducido. Con este simple «2 por el precio de algo más de 1» conseguiremos vender más y escalar en el ranking.

Calcular las regalías no es tan simple aquí como en el formato electrónico, ya que ahora entran en juego otros factores como el coste de la impresión y el coste del libro, que debe estar acorde con el tamaño y número de hojas. Además, hay que contar con la comisión que se queda Amazon. Por regla general, el beneficio debería rondar unos 2€ por libro vendido, lo que no está nada mal, teniendo en cuenta que los escritores que publican en editoriales se suelen llevar solo el 10% del PVP de sus libros.

2.4

Hay vida después de Amazon

Una vez que hayamos publicado nuestro e-book en Amazon y vayan pasando los primeros meses, nos acercaremos al momento en que se cumpla el plazo de los 90 días de exclusividad firmados con KDP Select. Llega la hora de valorar qué hacer. Ojo, es importante preguntarse esto unas tres semanas antes de que se cumpla el plazo, ya que, si nosotros no nos damos de baja en KDP Select, el sistema entiende que queremos seguir y nos lo renovará automáticamente, comprometiéndonos otros 90 días.

¿Qué hacer? Habrá que ver qué es lo que más nos interesa dependiendo del momento en el que se encuentren las ventas de nuestro e-book. Si estamos teniendo un éxito moderado, o si empezamos muy fuerte pero cuando se agotaron las promociones las ventas cayeron, debemos considerar si un nuevo empujón en forma de nuevas promociones lograría reflotar el barco. La mayor parte de las veces esto funciona, pero en ese caso es importante tener en cuenta que los siguientes 90 días van a ser fundamentales para la evolución de la venta de nuestro libro, por lo que habría que apostar con todos nuestros efectivos, lanzando campañas de pago si llegase a ser necesario. Si tenemos dudas en este punto, lo más recomendable sería continuar con KDP Select.

Si estamos teniendo bastante éxito desde el principio, y nuestro título se mantiene con cierta facilidad entre los 100 primeros del ranking, sería conveniente apostar a todas todas por la renovación y atacar lo antes posible con una de las promociones en cuanto volvieran a estar disponibles. Como suele decirse, no vamos a cambiar lo que funciona.

Finalmente, y es algo que no suele ser nada frecuente si hemos seguido escrupulosamente todos los pasos, en caso de no estar satisfechos con los resultados obtenidos en estos primeros 3 meses, parece lógico dar el salto a otras plataformas. Así ganaremos la posibilidad de ofrecer nuestro libro en otros formatos distintos al «.mobi» de Amazon, lo que atraerá a nuevos lectores.

Por supuesto, abandonar KDP Select no significa abandonar Amazon por completo. Debemos mantenernos en esta tienda aunque ya no haya una exclusividad que nos ate, pues, pase lo que pase, sigue siendo el mayor punto de venta de libros online a escala mundial. Además, con la promoción realizada durante los últimos 90 días, pueden quedar posibles compradores residuales que te busquen en esta plataforma.

2.4.1

Las otras plataformas

Una vez llegados a este punto, y para no volvernos locos, es recomendable optar por dos o tres plataformas imprescindibles y sacrificar el resto. Estar en todos sitios no es garantía de éxito, y más que ganancias, representará para nosotros una multiplicación innecesaria del trabajo y nuevos quebraderos de cabeza con diversas normas, regulaciones y leyes. Así que vamos a empezar con los descartes. No tengas problema en dejar de lado estas tiendas, pues siempre van a estar ahí por si en algún otro momento quieres probar suerte con ellas.

La primera de la lista es Google Play. Ya sabemos que se trata de la tienda online del todopoderoso Google que cuenta con el acceso a los dispositivos Android y cuyo crecimiento y posibilidades parecen ilimitados, pero por el momento los usuarios usan más esta plataforma para aplicaciones del móvil y otros productos que para comprar libros. De hecho, da la impresión de que la venta de libros no es una prioridad para Google Play. Debemos mantenernos atentos a las novedades, pero de momento no pasa nada por no estar aquí.

El siguiente descarte es Autopublicación Tagus. Por lo visto hasta ahora, sus ventajas no compensan las dificultades y complejidades de uso de su sistema para el autor. No publicar aquí va a suponer más un alivio que un problema real.

Un par de descartes más. Si bien son dos buenas herramientas con servicio de impresión bajo demanda que no conviene olvidar para movimientos a medio/largo plazo, por ahora, por comodidad y eficacia, es también recomendable descartar Bubok y Lulu.

Ahora, una plataforma en la que hay que estar sí o también: Smashwords. Como ya apuntamos unas páginas más atrás, Smashwords va más allá de una simple plataforma de venta. Es una plataforma de distribución gratuita que «coloca» nuestra obra en otros portales importantes como iBooks Store (la tienda de Apple y todos los artefactos Mac en 51 países, 15 de ellos de habla hispana más Estados Unidos), NookPress (perteneciente a la importante cadena de librerías Barnes & Noble, con un apartado dedicado a los libros publicados en español) y Kobo (la tienda de los lectores electrónicos del mismo nombre y sus millones de usuarios por todo el mundo), entre otros. De modo que de un plumazo nos podemos olvidar de subir manualmente nuestra obra a todas estas tiendas.

Smashwords sigue un sistema simple, así que si has publicado en Amazon no deberías tener mayores problemas para usarlo. De cualquier modo, es posible modificar cualquier dato una vez publicado el libro. El mayor inconveniente es que está en inglés y que los precios son en dólares, aunque este portal se encarga de hacer las conversiones automáticamente para las distintas tiendas. Una herramienta muy interesante que tiene es que el autor puede elegir un porcentaje de su libro que cualquier lector puede leer sin necesidad de comprarlo, en algo muy parecido al «look inside» de KDP. Todo lo demás es normal y simple, aunque hay que tener en cuenta que hay un límite máximo de 10 MB para los archivos, y que existe una pequeña comisión que se cobrará por cada libro facturado: 15% de lo vendido en la propia Smashwords, y 10% de lo vendido en otras plataformas.

Una vez situados en estos escaparates que ofrece Smashwords, podría decirse que tenemos bien cubierto todos los frentes en formato «.epub». De forma opcional, si tienes tiempo y ganas, y por aquello de tener sujeto con más fuerza el mercado en español, puedes probar colgando el libro también en Grammata (la tienda de los e-readers Papyre), y tal vez (ahora sí) en Lulu y/o Bubok, aprovechando para publicar ahí también en impresión bajo demanda. Esto va a depender de la cantidad de tiempo que quieras destinar a ello, ya que no solo hay que contar con el momento de subir el libro a la plataforma, sino con las posteriores revisiones, actualizaciones, anuncios en nuestras redes, etc. Tú decides.

Por último, y para cerrar esta sección, un par de curiosidades. Si tu libro está dentro de los géneros de fantasía, ciencia ficción y terror, sería recomendable probar con Lektu, una plataforma para lectores en español sin DRM, muy fácil de usar, y que da unas interesantes regalías del 75%. Y también tenemos a Pronoun, una más que interesante propuesta cuya principal característica es autopublicar con unas regalías del 100% para el autor, pero que, de nuevo, presenta el ya clásico inconveniente de que solo está disponible en inglés.

2.4.2

Vender tu libro desde tu propio blog

Otra posibilidad que se nos abre si dejamos de estar atados a KDP Select, y que merece la pena tener en cuenta, es la de usar nuestra propia web o blog como plataforma de venta.

Tal y como se indica en la web Vivir al máximo, esta práctica reporta unos mayores porcentajes de ganancias, ya que solo habría que pagar la pequeña comisión de PayPal necesaria para gestionar los cobros, y los servicios de una plataforma de distribución como SendOwl[36], que sale por unos 9$ al mes, o E-junkie[37]. De este modo, además, tendrías un total control del proceso de venta, y también adquirirías una suculenta base de datos con cada uno de tus compradores. Por contra, esta web también señala la mayor dificultad del proceso y la posibilidad de tener mayores gastos y ningún ingreso si no tenemos capacidad de atraer suficiente tráfico a nuestra web[38].

Esto sería en lo referente a los e-books, pero de igual forma podemos poner a la venta nuestro libro en papel desde nuestro site, lo que es un poco más complejo, pero no del todo imposible. Para ello tendríamos que imprimir copias por nuestra cuenta, lo que supone una estimable inversión inicial de varios cientos de euros, y encargarnos de su envío al comprador. Posiblemente, y siempre dependiendo de las características del tomo, nos resultará complicado vender el libro a menor precio que en las otras plataformas, a no ser que imprimamos una tirada amplia de varios cientos, e incluso miles, de ejemplares, lo que no es recomendable a no ser que estemos convencidos de que vayamos a venderlos todos. Sin embargo, podemos jugar con la posibilidad de ofrecerlo firmado, dedicado, y ofreciendo un regalo que igualmente no tenga demasiado coste para nosotros.

Es posible encontrar imprentas con una buena relación calidad/precio como La Imprenta CG[39] o Círculo Rojo[40]. Ambas incluyen los gastos de envío a nuestra casa o empresa. Tampoco es descartable acudir a alguna imprenta local, donde podremos ver de primera mano el acabado que va a tener nuestro libro y, con un poco de suerte, negociar y conseguir un precio especial.

Para finalizar, asegúrate de ofrecer el libro a lugares donde te puedas permitir su envío. Si no tienes suficientes recursos para enviar tu obra de España a Uruguay, o de México a Colombia, por ejemplo, asegúrate de especificarlo convenientemente en la misma web antes de que se realice la venta. Vender libros perdiendo dinero no, por favor.

---

36   http://www.sendowl.com
37   http://www.e-junkie.com
38   Vivir al máximo. ¿Deberías vender tu ebook a través de Amazon o atravás de tu blog? Consultado el 18/03/2016. http://viviralmaximo.net/vender-ebook-amazon-vs-blog/
39   http://www.laimprentacg.com
40   http://www.editorialcirculorojo.com

Como puedes ver, la autopublicación tiene bastante complejidad y requiere tiempo. No dejes que esto te desanime, ya que ocurre lo mismo que la primera vez en otros entornos informáticos como las redes sociales, el programa Word, o el mismo sistema de email. Las plataformas están diseñadas para ser usadas, así que haz pruebas, investiga, ya verás cómo no es tan complicado, al fin y al cabo.

3.

El Autor

— — — — —

En este capítulo vamos a asentar las bases para lograr una adecuada imagen de autor. Siguiendo el orden asignado en este manual, este capítulo ocupa el número 3, pero, en realidad, y como estamos a punto de desvelar, los aspectos referentes a la imagen personal de escritor son lo primero que debe trabajar todo autor autopublicado que se precie. Posiblemente ya hayas oído hablar de eso de la «marca personal», un concepto sacado del mundo del marketing que lleva a considerar a los profesionales —en este caso, escritores— como marcas comerciales que venden productos —libros— a clientes —lectores—. No pretendemos manchar el buen nombre de la literatura con estos parámetros mercantiles, pero como ya indica Alejandro Capparelli, verlo de esta forma comercial nos será de gran ayuda a la hora de alcanzar nuestros objetivos[1].

¿Y cuáles son esos objetivos? Es probable que sean varios y distintos, pero a corto/medio plazo no pueden ser otra cosa que vender libros. Cuantos más mejor. Sin embargo, a ti como autor no te interesa que los demás te vean como alguien que vende libros. Lo que a ti te interesa es que los demás te vean como un creador, un escritor, un artista, alguien que prefiere invertir su tiempo en cosas de interés cultural o artístico. ¿No te sientes identificado con esta descripción? No te preocupes, no tienes que cambiar nada de tu vida porque esto es una sensación que queremos generar, un disfraz que no tiene por qué ser real. Tan solo necesitas que sean los demás quienes tenga esta percepción de ti.

Según nos cuenta la experta en branding y marca personal Irene Gil, una característica común de todos los individuos, especialmente una vez que entramos en la rueda comercial, es la diversidad de sus distintas imágenes. Todos contamos con cuatro: la imagen que tenemos de nosotros mismos, la imagen que los demás tienen de nosotros, la imagen que nos gustaría dar, y la imagen que realmente damos. Y resulta que nuestro éxito va a depender de que la percepción que tengan los demás de nosotros sea lo más cercana posible a nuestra imagen ideal[2]. La mala noticia es que no podemos controlar

---

1   Alejandro Capparelli, Edición Indie (2015), página 21.
2   Irene Gil. Blog de Grasp, marcas con sentido. Consultado el 23/03/2016. http://grasp.es/es/blog

por completo la opinión de los demás, de modo que nuestro trabajo de cara al exterior siempre debe ir encaminado a construir y fortalecer en lo posible nuestra reputación. Debes tener muy claro que solo se puede fraguar una imagen personal potente si nuestra obra es de calidad y si somos capaces de suscitar suficiente interés en los demás. La forma de conseguirlo es imponernos un plan de actuación pública cuidado al milímetro. Y de ahí no salirnos jamás.

La idea principal es mostrar a todo el mundo que estamos al mismo nivel que los escritores consagrados. Por supuesto que, de momento, no es así, pero nuestra actitud debe ser esa desde el principio. Esto no significa que empecemos a menospreciar sistemáticamente a otros autores o a mirar por encima del hombro al resto de los mortales, sino que actuemos como ellos. ¿Y cómo actúa un escritor reconocido? Pues, sobre todo y ante todo, nunca promocionando su propia obra. De hecho, lo más común es que los escritores se comporten como si sus escritos no existieran en absoluto, a no ser que se les pregunte expresa y directamente por ellos, lo que suele ocurrir solo durante los procesos específicos de promoción. ¿O acaso has visto alguna vez a Vargas Llosa anunciar a bombo y platillo que su libro está disponible en Amazon y en El Corte Inglés?

Hay una anécdota muy esclarecedora que nos ayuda a comprender este punto. En 1993, el escritor madrileño Francisco Umbral acudió al programa de televisión Queremos saber como parte de la promoción de su última obra, La década roja. Nada contento con el desarrollo del programa en cuestión, Umbral exigió airadamente que se hablara de su libro con la, desde entonces, célebre frase «yo he venido a hablar de mi libro»[3]. Han pasado más de 20 años de aquello, y sin embargo es de las primeras cosas que llegan a la memoria colectiva cuando se menciona el nombre de este escritor, que fue, no lo olvidemos, Premio Miguel de Cervantes de literatura y autor de más de un centenar de obras de narrativa, poesía, ensayo y crónicas. Y es que la sola posibilidad de ver a un escritor exigiendo hablar de su libro por encima de todo, buscando contra viento y marea ser leído, resulta de lo más ridícula, cómica y, por lo tanto, indeseable.

Está claro que nosotros, como autores independientes, no contamos

---

3   https://www.youtube.com/watch?v=-1cTIUc7cJc Consultado el 22/03/2016

con los medios de las editoriales que respaldan a estos escritores, pero debemos mantenernos firmes en nuestra posición y llamar la atención de los posibles lectores por otros medios más sutiles, como vamos a ver en las secciones que se desarrollan a continuación.

3.1

El blog de autor

El blog de autor es el centro neurálgico de toda nuestra promoción y de nuestro aparato de comunicación online. Desde aquí daremos toda la información necesaria sobre nosotros como autores y, mediante la creación de contenido y noticias, redirigiremos a los visitantes hacia nuestra obra y la forma o formas de hacerse con ella. Nuestro yo escritor tiene que tener un blog o una página personal, y es algo que no admite discusión.

Todo buen blog debe tener una temática principal, esto es, tiene que estar dedicado a algo en concreto. Puede ser más o menos generalista, pero debe girar sobre un eje central del que partirán nuestras publicaciones. Seguir una línea muy marcada no garantiza el éxito —eso va a depender de la calidad de las publicaciones—, pero va a ser el motor que atraiga a las visitas.

Este eje será, o bien nosotros mismos como autores o expertos en una materia, o la materia en concreto, procurando en lo posible que guarde relación con nuestros escritos. Es cierto que un blog sobre nosotros mismos puede ser más versátil en cuanto a materias, sobre todo si tenemos muchos intereses distintos, pero también corre el riesgo de caer en la repetición: yo, yo mismo y mis cosas. Es muy importante saber parar en lo que al autobombo se refiere, y evitar como la peste caer en el egocentrismo y la egolatría.

Si elegimos fundar un blog sobre un tema en concreto, tenemos la ventaja de que podremos atraer a lectores diversos, menos interesados, de entrada, en nuestra figura. Si el contenido es suficientemente atractivo y nos encargamos de mostrar hábilmente un enlace a nuestro libro, nuestros visitantes son fácilmente convertibles en compradores y lectores. El problema de este tipo de blogs es que, si están muy enfocados en un campo, no nos servirán de ayuda en caso de que más adelante escribamos algo totalmente diferente. Por ejemplo, si nuestro blog trata de ciencia ficción, no vamos a conseguir encajar en él nuestra última novela de existencialismo urbano. La solución podría ser fundar varios blogs distintos, pero, ojo, esto traería consigo una multiplicación del trabajo.

3.1.1

Para empezar

Lo ideal sería contar ya con un blog o página web personal que llevase varios años funcionando, que fuera actualizado periódicamente, y que tuviera un aceptable número de visitas. Si contamos con algo así, podremos utilizarlo con facilidad para dar a conocer nuestro libro y nuestra faceta como autores, si acaso no lo hemos hecho ya. Por desgracia, la capacidad de encajar nuestra obra en nuestro espacio personal va a depender siempre de si libro y blog están relacionados temáticamente. No traiciones la coherencia de tu blog o tus seguidores no te lo perdonarán.

Por ejemplo, si tenemos un blog dedicado al mundo del deporte y escribimos una novela cuya acción se desarrolla durante unas olimpiadas será muy simple y natural agregar el libro entre el contenido del blog. Sin embargo, si nuestro espacio web está dedicado a hablar de cine y escribimos una novela histórica, va a ser posible encajarla, pero será bastante más peliagudo, pues tu audiencia no va a entender que hagas un autobombo tan descarado.

En el caso de que nuestro blog y nuestra obra no tengan nada que ver entre sí, sería posible hacer una escueta mención en un apartado que hable de ti y que redirija a los interesados a la página del libro en Amazon, o a otro blog que sí utilices para darte a conocer como escritor de otros temas. Y sí, debes tener un espacio para ti como autor independientemente de si tienes otros ya, porque, como ya hemos comentado, vas a necesitar el blog de autor como centro neurálgico de la promoción de la obra.

En el caso de que no tengamos una web personal, no podemos esperar ni un minuto más para abrir una. Lo óptimo sería tener nuestro blog en funcionamiento antes de que salga a la venta el libro, por lo menos con un mes de antelación a la preventa. Esto es importante por razones obvias de promoción, pero también porque los buscadores como Google tardarán algún tiempo en indexar nuestra web desde que la abramos al público. Esto significa que durante las primeras semanas seremos invisibles para los buscadores y que la mayor parte de visitas que consigamos vendrán por los enlaces que hayamos conseguido repartir por internet, lo que es posible que sea insuficiente. No podemos arriesgarnos a que esto ocurra en un momento tan crucial como es la publicación de nuestro libro.

Un requisito que, si bien en principio no es indispensable, pero sí resulta muy recomendable, es obtener nuestro propio dominio personalizado para nuestro blog. Se trata de una operación muy simple, cuyo coste viene siendo de entre 9 y 18€ al año, y que nos dará la propiedad en exclusiva de la dirección de nuestro espacio en internet. Esto sirve, sobre todo, para facilitar el tránsito de los visitantes, ya que es mucho más atractiva una URL (dirección web) corta con un nombre reconocible, que otra muy larga llena de símbolos y nombres extraños. También, y es algo que muchos internautas valoran, nuestra propia dirección web resulta más fiable, seria y profesional.

Lo más interesante es que consigamos que el dominio sea nuestro propio nombre de autor o seudónimo, sin necesidad de recurrir a otras palabras o elementos como guiones o puntos: mejor «antoniolopez. com» que «antonio-lopez-escritor.com», y que sea «.com» o «.net» será mejor que «.es», «.mx», o «.com.co», por ejemplo. En el caso de que optemos por crear una web o blog dedicado a una temática en concreto, lo más idóneo es que elijamos un dominio con el nombre de la web, no el nuestro, ya que eso lleva a confusiones indeseadas.

3.1.2

La forma del blog

En un medio visual como un blog, algo más importante incluso que el contenido es la experiencia de navegación del usuario. Podemos tener el espacio web más interesante de todo internet, que, si no somos capaces de ofrecer la información de forma limpia y ordenada, espantaremos a los visitantes. No es obligatorio contar con un diseño espectacular ni con lo último en ingeniería informática, simplemente debemos tener un blog fácil de usar y agradable.

Por lo tanto, la calidad visual del blog, a menos que deseemos destacar en el mundo del diseño o de la programación, tiene que ser efectiva, pero no necesariamente la mejor del mundo. Cualquier visitante entenderá que tú te dedicas a escribir libros y a ser experto en tu tema, nada más. Eso sí, con una serie de pautas, y mucho sentido común, puedes asegurarte de que tu blog tenga cierto estilo y que la experiencia de navegación de cualquier usuario sea grata y cómoda. En este sentido, Maïder Tomaseña recomienda, entre otras cosas, definir un esquema de colores propio, introducir una llamada a la acción (Call To Action) para conseguir seguidores o suscriptores, dar protagonismo a imágenes impactantes y sorprendentes, y usar iconos de acceso a las redes sociales que sigan el estilo del blog. También indica otros puntos a evitar como el uso y abuso de gifs animados, la música que se reproduce automáticamente, o una apariencia de letras blancas sobre fondo negro[4].

De entre la amplia oferta de plataformas de blogs, creemos que la más adecuada a nivel usuario es Wordpress[5]. Es gratis y tiene un acabado más profesional y serio que otras plataformas como Blogger

---

4   Maïder Tomaseña Copywriter web. Cómo conseguir que tu blog parezca más profesional. Consultado el 22/03/2016. http://www.maidertomasena.com/copywriting-blog-parezca-mas-profesional/
5   http://www.es.wordpress.com

o Wix. Además, cualquiera de sus cientos de plantillas son válidas para nuestros propósitos, siendo muchas de ellas incluso excelentes. Atendiendo a cómo ordenar los contenidos, Ainhoa Arpide resalta que todo buen blog de autor debe tener seis apartados fundamentales[6]:

» «Sobre mí» donde se debe incluir quién eres, qué haces y por qué lo haces. Es importante que en esta página aparezca una foto tuya con la que te sientas identificado como autor.
» «Mis libros» donde se pueda acceder a la información de los mismos. Pueden estar agrupados en una misma sección o en varias, dependiendo de su cantidad. Siempre habría que dar más importancia al último de ellos. Por supuesto, hay que incluir portadas, sinopsis, comentarios, menciones y cualquier otra información relevante.
» «Qué dicen de mí» para resaltar comentarios, reseñas, entrevistas, etc.
» «Contacto» con nuestra dirección de email o un formulario de contacto.
» «Blog» propiamente dicho, donde irán los artículo artículos que vayamos publicando.
» «Suscripción», que no necesita ser un apartado propiamente dicho, pero cuya presencia es imprescindible.

Con referencia al último punto, Ana Nieto Churruca recomienda crear además una landing page que lleve a nuestros lectores desde algún punto de nuestro e-book —preferiblemente al final— hasta un apartado de nuestro blog donde puedan insertar su email y apuntarse a nuestra newsletter. Esto es especialmente útil si tu obra es de no ficción, si está enfocada en temas de carácter práctico, o si eres un profesional que busca, además de lectores, clientes[7].

Como podrás comprobar, el mundo de los blogs es muy diverso, aunque no tan complejo como en un principio pueda parecer. Es muy fácil crear y trabajar en nuestro propio blog. Si de todos modos quieres

6   Ainhoa Arpide. Blog de doYgestión. Qué debe tener tu web o blog de autor. Consultado el 22/03/2016. http://doyges-tion.com/que-debe-tener-tu-web-de-autor/
7   Ana Nieto Churruca. Triunfa con tu ebook (2015), páginas 142-143

destacar en el tema del diseño y deslumbrar a tus lectores potenciales, puedes recurrir a un profesional. Eso sí, prepara la cartera, pues estos trabajos, cuando son de calidad, es difícil conseguirlos por menos de 800€, sin contar posibles costes periódicos de mantenimiento.

3.1.3
Contenido

Estamos viendo que un blog es una actividad que requiere esfuerzo primero, y constancia después. El esfuerzo proviene del momento de su creación, sobre todo si no estamos familiarizados con estos espacios ni con sus herramientas propias, aunque la utilización de la mayor parte de plataformas de blogs es bastante intuitiva y para poder sacarle todo su partido no hace falta tener conocimientos específicos más allá del nivel usuario.

La constancia es lo que viene después, y quizás sea lo más complicado de conseguir, ya que debemos ir actualizando nuestro blog cada cierto tiempo. Al principio será más fácil recabar material para publicar, ya que habrá promociones, lanzamientos, primeras reseñas, menciones, comentarios, mensajes de nuestros primeros lectores, etc. Lo complicado viene cuando pasan los 4 o 5 primeros meses y las noticias van disminuyendo y distanciándose en el tiempo. Esto es un problema serio, pues hay pocas cosas más tristes que un blog abandonado, lo que, además, con seguridad restaría puntos a nuestra reputación, cosa que jamás debemos permitir. Para evitar este perjudicial parón, es muy recomendable establecer un calendario de actualizaciones y cumplirlo a rajatabla. Uno o dos artículos a la semana serán suficientes. Y para no quedarnos sin temas que tratar, lo ideal es ir apuntando ideas sobre artículos que podamos escribir más adelante, estando abiertos en todo momento a hablar sobre temas de actualidad relacionados en mayor o menor medida con nuestra actividad.

Mucho hemos hablado de la temática de nuestro blog, pero no hemos profundizado en esta idea. ¿De qué debe ir mi página personal? Aquí solo podemos guiarte con algunas pautas, pues lo ideal será que tu blog trate de lo que a ti más te interese; al fin y al cabo, tú vas a tener que encargarte de actualizarlo y encontrar asuntos sobre los que tratar en él de forma indefinida. Una buena pista para dar con la temática perfecta es mirar tu propia obra: en su género o argumento puede estar la clave. Si escribes novela histórica, crea un blog enfocado en la Historia; si lo tuyo es más bien el género romántico, no lo dudes y ve a por temas de amor; si escribes poesía, dedícate a hablar de este arte; esa es la idea.

Si pese a este consejo sigues sin ver muy claro de qué podría ir tu web personal, siempre puedes recurrir al tema comodín: la literatura. Como buen escritor que eres, lo más lógico es que seas un lector voraz, ¿y qué mejor forma de crear una comunidad de seguidores que hablando de los libros que has leído? Debes saber que ya existen muchos espacios dedicados a este tema en internet, algunos muy generalistas, otros más especializados. Pero esto es algo que, en vez de desanimarte, debe llenarte de alegría e inspiración, pues es un modo perfecto para conocer gente con tus mismos intereses —que es más que posible que se puedan convertir en lectores potenciales de tus obras—, y para estrechar lazos con personas que te pueden ayudar a tener más visibilidad.

Lo que tiene que quedarte muy claro desde el principio es que, independientemente del campo en el que te especialices, tienes que esforzarte en publicar contenido de calidad. No te limites a pasar información que has visto en otro lugar. Sé siempre original, infórmate bien antes de postear y nunca, nunca plagies ni intentes hacer mera publicidad, ni propia ni de ningún otro.

Uno de los puntos más interesantes de tener nuestro propio espacio es que podremos usarlo como tribuna para dar nuestra opinión con libertad. Es una herramienta perfecta para mostrarle a los lectores nuestro buen dominio del lenguaje. Por supuesto, también nos permite desmarcarnos como expertos, pero cuidado, que esto es un arma de doble filo. Debemos asegurarnos de varias cosas antes de publicar:

» Debemos dar un punto de vista fresco, que no se encuentre en cualquier otro sitio.

» Tendremos cuidado de no resultar prepotentes, ni dar lecciones, ni impartir cátedra. Tampoco es conveniente escribir en caliente y sí ser tan respetuosos como podamos. Lo mejor es escribir solo cuando hayamos reflexionado profundamente sobre el tema que vamos a tratar.

» Es muy importante estar muy bien informado antes de escribir un post. Hoy en día corren muchos bulos y no es difícil caer en ellos.

» Esto es algo que vamos a repetir más veces, pero es vital cuidar el lenguaje, así como vigilar el estilo y las posibles faltas de ortografía y erratas. Eres escritor, esto se supone que es lo tuyo.

» En general, debemos ser cautos y dejar la impulsividad de lado. Recuerda lo que se decía en la antigua Roma: verba volant, scripta manent, o lo que es lo mismo, las palabras vuelan, lo escrito queda. Y aunque podamos borrar o modificar cualquier cosa en nuestro blog, es preferible no tener que recurrir a ello. Da una pésima imagen.

Una vez dicho esto, y aunque seguimos recomendando que hagáis uso de vuestra opinión, desaconsejamos que la temática principal de nuestro blog sea eso mismo: dar nuestra opinión, como si de una columna de periódico se tratase. Hay dos motivos principales. El primero es que puede resultar muy conflictivo si tenemos fuertes opiniones, especialmente en ciertos temas candentes de la actualidad (política, religión, economía, historia, sociedad, etc.). El segundo es que uno de los requisitos que debe cumplir todo columnista que se precie es tener una trayectoria que hace interesante conocer su opinión. Y nosotros, bueno, por ahora no hemos llegado a ese punto. Pero tiempo al tiempo.

Si todavía, y pese a todo, seguimos sin saber qué tipo de blog debemos tener, Gabriella Campbell recomienda otras modalidades que no hemos comentado, como:

» Blog de escritores para escritores con recursos, guías y consejos para la escritura, la edición, la publicación, etc.

» Blog de humor como una forma de lograr una conexión especial con los lectores. Hay que tener en cuenta que esto suele desembocar en blogs demasiado críticos, lo que, a su vez, podría dar lugar a discusiones subidas de tono en los comentarios.

» Blog comunitario escrito por varios autores sobre una temática en concreto. El trabajo se reparte, con lo que se convierte en una forma perfecta de asegurar publicaciones y contenido. También se puede abarcar distintos temas dentro de nuestra especialidad.

» Blog de ficción donde colgar nuestros propios relatos, poemas o capítulos de nuestros libros. La idea principal es crear seguidores a los que les guste lo que escribimos, lo que les convierte en compradores potenciales de nuestros libros. Pero también tiene una cara negativa, y es que este tipo de espacios pasaron de moda y es bastante complicado atraer a los lectores[8].

3.2
Redes sociales

Las redes sociales, sobre todo después de la proliferación de los smartphones, se han convertido en una parte más de nuestras vidas. Además de sus ventajas e inconvenientes, pros y contras que no vamos a discutir aquí, son perfectas para la promoción de un autor independiente y su obra. Su acceso es simple a más no poder, gratuito, y a ellas acuden millones de usuarios día tras día, por lo que la capacidad de difusión es casi ilimitada. No hace falta comentar que tú como escritor estás obligado a utilizar estas herramientas para llegar a tus lectores, te guste o no la idea.

Pese a los indudables beneficios que podemos conseguir de espacios como Facebook, Twitter o Goodreads, también debes estar advertido de que un uso inadecuado de las redes puede dar lugar a un agotamiento propio y de nuestros contactos, a una frustrante sensaci n de despilfarro de tiempo y, lo que es peor, a que todos nuestros esfuerzos se vuelvan

---

8   Gabriella Literaria. 7 tipos de blogs que sí funcionan para escritores. Consultado el 28/03/2016. http://www.gabriellaliteraria.com/blogs-que-si-funcionan/

en nuestra contra. Ya hemos visto la importancia de conseguir y mantener una sólida reputación, por lo que no podemos permitirnos echar todo este trabajo por tierra a causa de malas prácticas online.

En esta sección vamos a ver en qué redes debes estar, qué puedes esperar de cada una y cómo debes comportarte en ellas. En caso de duda o crisis mientras navegamos por estos medios, te vamos recordando una idea básica que debes tener siempre muy clara y muy presente: eres escritor; tú no vendes libros, los escribes.

Un consejo antes de empezar. Es vital —y no estamos exagerando— que planifiques muy bien las publicaciones que desees hacer en estos medios: cuántas y con qué frecuencia. El motivo es que, como suponemos que sabrás, las redes sociales son pozos de tiempo en los que es muy fácil caer y despilfarrar, por ejemplo, una mañana entera. Y tenemos mucho trabajo que hacer.

Vamos a empezar por diferenciar entre redes sociales generalistas y redes sociales específicas de nuestra actividad, esto es, la escritura. Conocemos como redes sociales generalistas a aquellas que, más allá de servir como una forma de ocio y conectar gente diversa a lo largo y ancho del mundo, no están enfocadas en ninguna temática en concreto. Suelen estar relacionadas con la diversión y el tiempo libre, aunque haya quien las use en todo momento y lugar, y se caracterizan por su facilidad de manejo y por contar con millones de usuarios en todos los países. Las más conocidas son Facebook, Twitter e Instagram.

Aunque estas redes no estén pensadas específicamente para el mundo de la cultura, la literatura o los libros, es tanta la cantidad de personas que se concentra en torno a ellas que resulta muy fácil encontrar a otros escritores, editores, libreros, correctores, traductores, o a gente que simplemente le gusta la lectura. Por ello vamos a aprovechar este nicho para contactar con ellos, conseguir información, estrechar vínculos y establecer alianzas. Lo que también se viene conociendo como crear una comunidad.

Por otra parte, existen otras redes sociales enfocadas exclusivamente en el mundo del libro, tal vez menos conocidas que Facebook, pero igualmente interesantes para dar a conocer nuestras obras, así como a nosotros mismos como autores. Hay bastantes más de las que pudiera parecer en un principio, destacando Goodreads, Anobii y Wattpad.

También vamos a analizar un caso especial a tener en cuenta: YouTube, plataforma de videos con una capacidad casi ilimitada de difusión.

3.2.1

Facebook

La reina de las redes sociales. Con sus actuales 1500 millones de usuarios activos al mes[9], su capacidad para compartir información, sus perfiles de usuario —que son una especie de mini blogs— su sistema de chat y su eficiente mensajería interna, Facebook se ha convertido en un internet dentro del propio internet.

Sin duda, Facebook es un sitio obligatorio para todo autor autopublicado que pretenda vender algún libro más allá de su familia y amigos. Sin embargo, al contrario de lo que muchos piensan, no es conveniente ofrecer al público un perfil personal. Lo óptimo es crear una fanpage, una página de autor con tu nombre o seudónimo donde los lectores puedan saber de tu existencia, o donde puedan acudir aquellos que ya han oído hablar de ti. La mayor diferencia entre una fanpage y un perfil personal es que en la primera no hay «amigos», solo seguidores. No hay reciprocidad: te siguen porque piensan que les merece la pena, pero tú no tienes que seguirles a ellos.

Debes usar esta página para los asuntos referentes a tu actividad como autor y dejar tu perfil personal para tu tiempo libre y tu vida privada. Aprende a diferenciar muy bien entre el primero, más serio, oficial y público, y el segundo, más informal y privado. Eso sí, es recomendable que, para evitar duplicidades y confusiones, aumentes considerablemente la privacidad de tu perfil personal, o al menos le cambies el nombre.

Una vez creada la página, encárgate de invitar a todos tus contactos a que le den a «me gusta», que es la forma de conseguir seguidores. No te agobies si al principio no tienes demasiados, pues con la ampliación de tu red de contactos y con una buena política de promoción, estos

9   Hipertextual. Facebook ya tiene más de 1500 millones de usuarios activos al mes. Consultado el 28/03/2016 http://hipertextual.com/2016/01/facebook-resultados-financieros-2015

irán llegando. Cuídalos, porque ellos van a ser tu comunidad y solo se quedarán si les ofreces contenido de calidad.

Es muy importante que rellenemos en la medida de lo posible todos los apartados de la pestaña «Información». Hay espacio para dos biografías, una larga, donde debe quedar clara nuestra trayectoria, trabajos y publicaciones, y una corta, que es el resumen que la mayor parte de los visitantes verá, por lo que debe estar impecable. Se nos da también la posibilidad de incluir un enlace, pero solo uno. Pese a que deseemos utilizar ese espacio para colgar un link a nuestro libro en Amazon, lo correcto y coherente con nuestro sistema de comunicación es poner un enlace a nuestro blog. Recuerda, la versión oficial dice que no estás aquí para vender libros.

Otro detalle importante: hay que elegir bien las imágenes que vayamos a usar. Es recomendable usar, como foto de perfil, una de nosotros mismos, donde se nos identifique con claridad. Esa será la pequeña que vaya a la izquierda en nuestro perfil. La foto de portada, la mayor, puede ser cualquier cosa excepto tu cara de nuevo (con una foto tuya ya es suficiente). Debemos procurar que resulte atractiva, de buen gusto e interesante, si es artística y/o tiene un significado especial para ti o tu obra, mejor que mejor. Piensa que mucha gente que no te conozca, en cuanto sepa que eres escritor, va a empezar a juzgar tu capacidad de escribir por la impresión que le des. Muy importante: asegúrate de que ambas fotos estén bien encuadradas, que tengan una relación de colores correcta entre sí, y que no estén pixeladas o deformadas. Otro consejo: evita como la peste la típica foto de ti mismo sosteniendo tu libro y mostrándolo orgulloso a cámara. No puede quedar peor.

El uso principal de nuestra página personal será difundir los conte- nidos de nuestro blog, interactuar con otros usuarios que nos escriban mensajes personales o nos dejen comentarios, y compartir contenido relacionado con nuestra actividad. No vamos a usarla para anunciar nuestra obra. Es posible que incluyamos algún artículo con el enlace a la misma, por supuesto, pero no debe acaparar demasiado protagonismo. Desarrollaremos estas ideas en el apartado de comunicación.

Es muy importante no abusar de las publicaciones, aunque tengamos días en los que nos apetezca postear algo cada 30 minutos. Dado el ritmo medio de publicaciones de la página de inicio de Facebook, no es recomendable escribir más de dos posts al día, tres como mucho si está justificado, y no todos los días. Recuerda que no debemos bombardear a nuestra comunidad si pretendemos que no disminuya.

Facebook ofrece un completo sistema de estadísticas para controlar qué ocurre en tu página y cómo reacciona tu audiencia a lo que cuelgas. Date un paseo por las distintas pestañas de la opción «Estadísticas», prestando especial atención a «Publicaciones». Ahí podrás ver las horas en las que tus posts son más visitados. Esto, unido al tipo de artículo publicado (enlace, foto, vídeo o texto), te dará una pista de qué es lo que mejor y peor funciona entre tus seguidores. Una vez que lo tengas claro, no te cortes a la hora de darles lo que más les gusta, así como de evitar lo que sabes que no. No dejes de consultar estas estadísticas mientras tu comunidad vaya creciendo.

Otra herramienta de medición de gran utilidad que ofrecen las páginas de Facebook es el marcador de personas alcanzadas que aparece en cada uno de los posts. Si haces click ahí, podrás ver a cuántas personas has llegado, cuántas reacciones has conseguido, cuántos han accedido al contenido del enlace si lo hubiera y, sobre todo, podrás saber las reacciones negativas. Con referencia a esto último, vigílalas muy atentamente, ya que es un indicador inmejorable para saber qué tipo de artículo no funciona.

Es muy interesante cambiar la URL de nuestra página, ya que Facebook suele atribuir un número enorme que queda horroroso cuando tratamos de compartir un enlace. En la ruta «Configuración/ Información de la página/Dirección web de Facebook» podremos cambiar el nombre de la URL y poner uno más vistoso, o al menos, más simple y menos «informático».

Un error muy común es crear, además de una fanpage de autor, otra fanpage distinta enfocada en nuestra última obra publicada. Esta actividad, si en principio podría parecer buena idea, en poco tiempo se convierte en una carga y en un sinsentido, pues la capacidad de generar interés que tiene una página de una novela que nadie conoce es muy limitada, por no mencionar que para ti supondrá de un incremento extra de trabajo. La mayor parte de estas páginas sobre obras caen en desuso antes de su primer año de vida. Y es que este tipo de prácticas solo resultarían lógicas en caso de que exista toda una legión de fans del libro en cuestión. Y, sinceramente, si tienes la gran suerte de que eso ocurra con uno de tus libros, no serás tú quien se encargue de actualizar esa página, sino uno (o varios) de tus seguidores.

Lo mejor es centrarse en una única página de autor desde la cual ofrecer toda la información de tu obra, trabajos, actividades, etc. Y, por supuesto, no olvides poner un enlace o un botón a esta página en tu blog. Verás cómo poco a poco se va formando un beneficioso tráfico entorno a tus espacios en internet.

Además de invitar a todos nuestros contactos a que le den a «me gusta» a nuestra página, podemos tratar de aumentar nuestro número de seguidores pidiéndole a algún amigo susceptible de ayudarnos, educadamente y sin envíos masivos de mensajes privados, que comparta la página en su muro o que escriba algo recomendándonos. Otro medio para incrementar nuestros seguidores es conseguir viralizar alguna de nuestras publicaciones. Esto es bastante complicado y, en realidad, es lo que en estos momentos está buscando toda la red. Existen, no obstante, ciertas pautas que se pueden seguir para tratar de conseguirlo. Tal y como indica Jennifer Zárate[10]:

» El contenido positivo es más viral que el negativo.
» Es mejor publicar una actividad o consejo fácil de llevar a cabo, que esté al alcance de todo el mundo.
» Hay que plantear problemas reales, cuestiones que suelan darse en el día a día de cualquier persona.
» Conviene publicar en tiempo real sin programar.
» Conseguir el apoyo de personas influyentes puede ser de gran ayuda.
» El título y la descripción del contenido deben ser atractivos.
» Es necesario utilizar correctamente el SEO[11].
» Se recomienda usar otras herramientas aparte de las redes sociales, como Vine o Daily Motion.
» Conviene introducir imágenes llamativas y una frase que todos recuerden.
» Se puede recurrir a anuncios pagados.
» Hay que alimentar la curiosidad de los lectores.

10   Jennifer Zárate. Webespacio. Cómo viralizar con éxito tus contenidos en redes sociales. Consultado el 28/03/2016. http://www.webespacio.com/viralizar-contenido-redes-sociales/
11   40 de fiebre. ¿Qué es el SEO y por qué lo necesito? Consultado el 21/04/2016 https://www.40defiebre.com/guia-seo/que-es-seo-por-que-necesito/

3.2.2

Twitter

Se trata de la segunda en discordia, frecuentada mensualmente por nada menos que 320 millones de usuarios[12] y, con diferencia, la red social con mejor reputación. Su restricción de los posts a 140 caracteres le da un aire de inmediatez, no en vano, es el lugar donde antes se transmiten las noticias. La dificultad que esta limitación de caracteres conlleva a la hora de expresar ideas hace, además, necesario cierto ingenio para poder manejarse bien. Estas características consiguen que Twitter tenga la complicada e inverosímil habilidad de parecer serio y desenfadado a un mismo tiempo. Esta sofisticación le distancia de otras redes como Facebook o Instagram, que dan la sensación de ser mucho más frívolas e informales, a pesar de que en realidad no son tan diferentes.

Twitter, además, tiene su propio vocabulario: tweets, hashtags, retweets, trending topic, #FF, etc. También cuenta con sus propias reglas: además de la restricción de caracteres, aquí no hay amigos, solo seguidores, y únicamente puedes usar el mensaje directo con quien te siga. En esta red social prima el ingenio y la versatilidad, únicas armas para destacar sobre los demás y conseguir los tan deseados seguidores. Todo en Twitter suena a cool y a complicado.

No es difícil encontrar a usuarios que se aburren de esta red antes de aprender a manejarla correctamente, algo que no podemos permitir que nos ocurra a nosotros, ya que un escritor debe destacar por su ingenio y su maestría en el uso de las palabras. ¿Qué mejor sitio para demostrarlo que en la red donde se mide cada letra y cada coma?

A diferencia de Facebook, en Twitter solo hay posibilidad de crear

---

12   Silicon. Twitter se estanca en los 320 millones de usuarios mensuales activos. Consultado el 28/03/2016. http://www.silicon.es/twitter-se-estanca-los-320-millones-usuarios-mensuales-activos-153747

perfiles personales, aunque estos pueden estar dedicados a personas, empresas, blogs, asociaciones, organismos estatales y privados, etc. A nosotros nos vale con crear un único perfil a nuestro nombre. En él, al igual que ocurre con Facebook, debemos aprovechar la oportunidad de incluir tanta información personal como podamos, sin olvidarnos del enlace pertinente a nuestro blog/web de autor.

Mención aparte merece la biografía, donde solo contamos con 160 caracteres para dar información sobre nosotros. Es la primera prueba de fuego a la que nos somete esta red, ya que hay que hacer un importante ejercicio de síntesis y, por si esto fuera poco, meter la pata es más sencillo de lo que parece[13].

Es algo en lo que siempre vamos a poner especial cuidado, pero en esta red social más que en ningún otro sitio: tenemos que asegurarnos de mantener la corrección ortográfica y gramatical. Recuerda que aquí sobresalen los que mejor saben usar el lenguaje y eso no solo se refiere al contenido, sino también a las formas. No olvides de usar correctamente los signos, la puntuación y las tildes. No uses abreviaturas ni otros acortamientos de palabras tipo chat aunque te sientas tentado a ello por la carencia de espacio. Y nunca abuses de las mayúsculas. Estas recomendaciones también valen para los tweets ordinarios, y en general para cualquier escrito que firmes.

Respecto a las fotos que debes usar en este perfil, las reglas son las mismas que en la página de autor de Facebook, aunque lo ideal es utilizar dos distintas a las de aquella fanpage para no dar la sensación de repetición, monotonía, aburrimiento...

El ritmo de publicación en Twitter, al tratarse de una red más dinámica donde la información vuela y los tweets se suceden a gran velocidad, puede y debe ser superior al que mantengamos en Facebook. Esto no significa que podamos tuitear cualquier cosa que se nos pase por la cabeza cada pocos minutos, pero sí podríamos publicar entre 7 y 15 tweets al día, siempre y cuando vayan espaciados convenientemente en el tiempo y resulten de interés. Un error a evitar es sincronizar Facebook y Twitter, de modo que lo que se escribe en un sitio se publica automáticamente en el otro. Debes respetar las leyes propias de cada red y darle a cada una su sitio. Piensa que si publicas exactamente

---

13   Véase por ejemplo: 40 de fiebre. Bruno Rodríguez Armesto. 12 clichés de la bio de Twitter para echarse a llorar. Consultado el 28/03/2016. http://www.40defiebre.com/ideas-evitar-bio-twitter/

lo mismo en tus dos perfiles, habrá bastantes personas que, con razón, lleguen a la conclusión de que solo merece la pena seguirte en uno de ellos.

Con respecto a las estadísticas, Twitter incluye la posibilidad de ver la actividad de nuestros tweets. También podemos ver la actividad de nuestra cuenta usando Twitter Analytics, aunque para ello es imprescindible darse de alta en los anuncios de Twitter. Si no deseamos activar esta herramienta, siempre podremos acudir a programas como Twitter Counter[14] o Hootsuite[15], ambas de pago.

Como guía de buenas prácticas en Twitter, podemos destacar los siguientes consejos:

» Usa un nombre de perfil que te represente. Por ejemplo, si nos llamamos Raquel Suárez, nuestro nombre debería ser lo más parecido a «@RaquelSuarez» que nos permita el sistema y no alguna otra cosa como «@Rakelita_mariposita».

» Para que empiecen a seguirte, debes empezar siguiendo tú. No te preocupes si sigues a mucha más gente de la que te sigue a ti, es algo que le ocurre a todo el mundo que empieza en esta red. Con el tiempo se va nivelando.

» Haz «follow back», o lo que es lo mismo, sigue a quien te siga, al menos en los duros momentos del principio.

» Anuncia tu perfil en otras redes y en tu blog. Como siempre, y como ya habrás adivinado, sin spamear.

» Al igual que en el caso del perfil de Facebook, pon un botón desde tu blog que sirva como enlace.

» Haz listas públicas que pueda ver todo el mundo con los mejores usuarios relacionados con tu sector.

» No hagas spam.

» No menciones directamente tu libro con intención de difundir el enlace a la tienda.

» No hables solo de ti. De hecho, procura hablar de ti lo mínimo imprescindible.

» Sé agradecido con quienes te mencionen o te hagan RT. Responde siempre de forma positiva y cordial, incluso cuando recibas comentarios negativos.

14   http://www.twittercounter.com
15   http://www.hootsuite.com

3.2.3

LinkedIn

Puede que sorprenda a muchos, pero la tercera red social generalista en la que debes estar como escritor es LinkedIn. No es ninguna tontería, ya que se trata de la mayor red profesional de internet y cuenta con más de 400 millones de usuarios, aunque también es cierto que solo uno de cada cuatro mantiene una participación activa[16].

Es posible que no estés en esta red, o que tengas un perfil que no utilices. También es posible que formes parte de ese 25% de sus usuarios activos. Lo importante, independientemente de nuestra relación con esta plataforma, es que nuestro perfil esté exclusivamente dedicado al mundo de la escritura. Desde el momento en que nos hemos embarcado en la empresa de la autopublicación, nuestra imagen pasa a ser pública, por lo que dejamos de ser empresarios, camareros, profesores, comerciales, investigadores, o lo que sea. Ahora somos escritores y solo escritores. Así que si ya tienes un perfil ve adecuándolo a tu nuevo rol de autor y elimina toda la demás información que no esté exclusivamente relacionada con tu actividad literaria. Ten claro que es preferible no estar en LinkedIn a estar con un perfil que no sea 100% de autor.

La única excepción a esto, por supuesto, es que ya estuviéramos trabajando en este mundo, o nuestra actividad estuviera relacionada de algún modo con profesiones creativas o artísticas.

En esta red se puede entrar en contacto con gran cantidad de profesionales del sector de la edición, como editores, correctores, maquetadores, otros escritores, críticos literarios, etc., a los que se-

---

16   TICbeat. LinkedIn supera los 400 millones de usuarios aunque solo uno de cada cuatro es activo. Consultado el 29/03/2016. http://www.ticbeat.com/socialmedia/linkedin-supera-los-400-millones-de-usuarios-aunque-solo-uno-de-cada-cuatro-es-activo/

ría muy complicado acceder de otro modo. El motivo es que en LinkedIn todo está impregnado por un aura de profesionalidad, lo que anima a sus usuarios a ampliar sus redes de contactos por si en algún momento en el futuro fueran a necesitarlo, haciendo lo que los angloparlantes llaman «networking». Como es lógico, la relación que aquí se entabla es siempre en términos laborales, lo que ayuda a revestir tu imagen de escritor de una seriedad muy beneficiosa en lo que a reputación de refiere.

Básicamente, el perfil de LinkedIn es un currículum vitae online. Por ello, debemos engalanarlo y cuidarlo como si estuviéramos permanentemente a la espera de ser contratados. Esto no nos da vía libre para empezar a mentir o exagerar descaradamente; recuerda que la información que ofrezcas aquí va a estar a la vista de cualquier usuario.

Debemos incluir una foto en la que se nos reconozca con claridad, que sea formal, aunque no demasiado seria —los escritores no somos ministros—. No debe faltar el link a nuestro blog y a nuestra obra, ya que aquí sí se permite incluir varios enlaces. Por supuesto, premios y publicaciones son más que bienvenidos en nuestro perfil.

Al igual que en la vida profesional, en LinkedIn se aprecian las recomendaciones. No te cortes en recomendar a tus contactos, siempre sonando serio y, de nuevo, sin exageraciones. Sé también generoso validando las aptitudes de tus contactos. Haciendo una y otra cosa, lo normal es que recibas un trato recíproco como respuesta, algo siempre bienvenido en tu perfil/currículum.

Con respecto a las publicaciones, puedes utilizar tu cuenta como una extensión de tu blog y postear el material que consideres más interesante y original. No está bien visto que publiques cuando has recibido una reseña, a no ser que haya aparecido en un medio muy importante, ni que anuncies promociones de tus libros. Reserva este espacio para ocasiones especiales, para artículos que consideres importantes en tu vida profesional. Recuerda siempre que en esta red la clave es la profesionalidad.

3.2.4
Otras redes sociales generalistas

Existen otras redes sociales generalistas menos interesantes para nuestra imagen como escritores que, no obstante, dada su importancia y su enorme número de usuarios, sería una temeridad dejar de lado sin por lo menos considerarlas. En muchos casos, va a interesarnos estar en unas o en otras dependiendo de nuestra especialidad, así como del género o la temática de nuestra obra. En muchas otras ocasiones —la mayoría—, con Facebook, Twitter y LinkedIn tendremos suficiente.

Google+

Es un clásico introducir a Google+ en todas las listas de redes sociales recomendadas aunque, en realidad, nadie la use. El motivo es que se trata de la red del todopoderoso Google, lo que hace que todo el mundo la tenga en cuenta y ponga en sus publicaciones botones de compartir contenido en ella.

Por internet corre la leyenda de que el gigante Google «premia» a los sitios web que aparecen en los perfiles de su red social. Se dice, aunque esto no se ha probado, que, si abres un espacio aquí, esto «ayuda» a que el logaritmo de este monstruoso buscador se porte mejor con tu blog. No podemos saber si esto es cierto o solo un cuento, pero ante la duda, crea tu perfil de autor siguiendo las mismas pautas que en Facebook y Twitter y, por supuesto, añadiendo el enlace a tu blog. Total, es gratis y apenas se tarda unos minutos.

Luego úsala si así lo deseas, pero, por el momento, no debe ser una prioridad en tu lista diaria de tareas.

Instagram

La red social de los selfies, los gatitos, los platos de restaurante recién servidos y los pies sobre la arena de la playa. La misma que viste y calza, con sus más de 400 millones de usuarios activos y una tasa de crecimiento impresionante[17].

Te preguntarás qué tiene que ver un escritor con la que, posiblemente, sea la red social más superficial de todas. Exacto: nada. No obstante, hay excepciones que pueden convertir a Instagram en una más que provechosa fuente de contactos y, aunque pueda parecer inconcebible, lectores:

» Si las temáticas que tratas están relacionadas con el mundo del diseño, la moda, la fotografía, las artes escenográficas y audiovisuales, la cocina, el deporte, la escultura, la música, el dibujo, la arquitectura y, en general, cualquier actividad donde la imagen sea muy importante.

» Si escribes libros juveniles, infantiles y/o para adolescentes.

» Si tus géneros predilectos son el romántico o el erótico, temáticas más susceptibles que otras de utilizar el lenguaje de las imágenes.

» Si entre tus temáticas se encuentran los viajes, excursiones, actividades al aire libre, fiestas, celebraciones o periodos vacacionales.

» Si tu libro trata de cachorritos adorables.

» También, si tienes tendencia a escribir comedia, las posibilidades de esta red para satirizar y criticar nuestro tiempo son casi infinitas. Sácale jugo (sin pasarte).

Recuerda tres cosas antes de empezar a fotografiar cualquier cosa como loco: huye todo lo que puedas de la frivolidad, intenta estar enfocado en el lado artístico de lo que vayas a postear y no abuses de las fotos de tu vida privada ni la de los demás.

---

17   El androide libre. Javier Elío. Instagram alcanza los 400 millones de usuarios activos y supera los 316 de Twitter. Consultado el 30/03/2016. http://www.elandroidelibre. com/2015/09/instagram-alcanza-los-400-millones-de-usuarios-activos-y-supera-los-316-de-twitter.html

Pinterest, Tumblr,
Flickr y Vine

Meter a estas cuatro grandes redes en el mismo saco puede parecer erróneo, incluso cruel, pero, a efectos de promoción y para lograr visibilidad como autores, son prácticamente iguales. Las reglas que vamos a aplicar son las mismas que con Instagram, aunque, a menos que tengamos un interés más específico en la fotografía como arte, debemos darle prioridad a aquella y dejar los perfiles en estas redes como algo secundario o terciario.

3.2.5

YouTube y el arte
del videoblog

Terminamos este apartado sobre las redes sociales generalistas con el caso especial de la red más importante en lo que a videos se refiere. Pese a que esta plataforma no publica sus estadísticas desde marzo de 2013, los datos que tenemos de ella la dejan como la segunda red social en número de usuarios activos: más de 1000 millones[18].

Gran parte del éxito de YouTube procede de una realidad a la que todo escritor debe enfrentarse: el contenido audiovisual es mucho más fácil de promocionar que el escrito. Un video bien producido, entretenido y no demasiado largo tiene una capacidad insultantemente mayor de ser visto y compartido que un artículo escrito, aunque este venga de un personaje relevante.

Sin embargo, los autores no tenemos esta ventana cerrada y podemos utilizar todas las ventajas de la difusión audiovisual en

---

18   Canal Youtube. Rafa Bernabéu. Youtube, la segunda red social con más usuarios activos. Consultado el 1/04/2016. http://www.canalyoutube.es/youtube-la-segunda-red-social-con-mas-usuarios-activos/

nuestro provecho. Podemos, así, hacer de nuestro blog personal un videoblog, también llamado vlog. Esto implicaría que, en lugar de dedicarnos a escribir artículos, grabaríamos videos con el contenido pertinente. También podríamos dar con una solución mixta, alternando artículos escritos con videos, pues después de todo nos dedicamos a la escritura.

Pese a que hoy en día casi cualquier aparato viene equipado con una cámara capaz de grabar, y a pesar de la existencia de una gran cantidad de aplicaciones de edición, el tema de los videos sigue siendo delicado. Tiene muchas ventajas, eso es innegable, pero también unos cuantos inconvenientes. Y es que no es raro encontrarse con videos que pecan de una pésima realización o un peor montaje, con sonido e iluminación deficientes, y/o con un contenido poco atractivo. Está claro que nosotros somos escritores y que no tenemos que destacar en estas lides, pero eso no justifica publicar material de poca calidad o mal ejecutado. Recuerda tu intachable imagen de autor.

Por lo tanto, solo vamos a recomendar la utilización de esta herramienta de comunicación a aquellos que, además de atreverse, tengan el suficiente cuidado de realizar videos aceptables, o al menos, sepan encajar las críticas con estoicismo. Depende de ti.

Pero no está todo perdido para aquellos que no sepan editar videos o que nunca se hayan puesto delante de una cámara. En realidad, no es algo tan complicado. Según la comunicadora audiovisual Alicia Ro[19], cualquiera podría grabar un video con éxito siguiendo unas pautas básicas como:

> » Tener clara la idea a transmitir.
> » Hablarle a la cámara como a un amigo.
> » Usar frases cortas y lenguaje sencillo.
> » Transmitir con el lenguaje corporal.
> » Jugar con el tono, el ritmo y los silencios.
> » Sonreír.
> » Saludar al principio y despedirnos al final.
> » Calentar previamente la voz y el cuerpo.
> » Usar un plano medio y cuidar el entorno de grabación.

19   Alicia Ro. 10 consejos para hablar a cámara, hacerlo bien y evitar los nervios. Consultado el 30/03/2016. http://www.aliciaro.com/como-hablar-frente-a-una-camara/

Vigila también la duración de tu video. Procura ser breve. Mejor varios videos donde expresamos una sola idea en cada uno, que un video más largo donde se tratan varios temas. Ten en cuenta que, en un mundo como el nuestro, lleno de oportunidades de procrastinar y matar el tiempo con entretenimiento vacío, nuestra capacidad de atención activa se ha reducido de una forma espectacular. De hecho, según un estudio realizado por Microsoft en Canadá, ahora tenemos menos capacidad de atención que una carpa, o lo que es lo mismo, 8 segundos[20]. Un ejemplo perfecto de esto es que en Vine el máximo de duración de los videos es de 7 segundos.

Una vez que tenemos nuestro video, la idea es tratar de viralizarlo, o al menos intentar que sea susceptible de ser compartido por nuestros contactos y los contactos de nuestros contactos y... Hay que rellenar correctamente la información del video y luego utilizar nuestros otros medios sociales para difundirlo, como siempre, sin abusar. También existe la posibilidad de hacer una campaña de pago, aunque esto solo es recomendable si se trata de un video que sepamos que tiene un especial interés, o por lo menos, que tenga un título lo suficientemente llamativo como para atraer a los internautas ávidos de pasar el rato.

No debemos olvidarnos de tener nuestro perfil debidamente cumplimentado, como ya hemos visto en las otras redes, y asegurarnos de que esté actualizado. También existe la posibilidad de hacer amigos suscribiéndonos a sus canales. Mantén la actividad también aquí; ya sabes la mala imagen que da un perfil abandonado.

20   Time. Kevin MacSpadden You Now Have a Shorter Attention Span Than a Goldfish. Consultado el 13/04/2016. http://time.com /3858309/attention-spans-goldfish/

3.2.6

Goodreads

La primera red social centrada en la literatura tiene un nombre algo complicado de pronunciar para los hispanohablantes: Goodreads[21]. Claramente, sus creadores no pensaron en otros idiomas más allá del inglés cuando decidieron poner esta red en marcha. De hecho, de momento solo se puede encontrar en la lengua de Shakespeare, lo que a día de hoy es su principal inconveniente. Pero que esto no te pare, ya que en esta plataforma se concentran 40 millones de usuarios y, aunque de ellos solo un pequeño porcentaje hable español, todos tienen en común lo más importante: adoran los libros. Además, hay registrados 1,3 millones de títulos y se pueden encontrar más de 47 millones de reseñas y comentarios, muchos de ellos en español.

La otra buena noticia es que no hay restricciones de idioma, y muchos de los libros están en español, así como una importante cantidad de comentarios y varios de los grupos. ¿Quieres más motivos? Esta red pertenece a Amazon desde 2013, y como escritor que vende su obra en esta plataforma, te interesa todo lo que esté relacionado con ella. No tienes elección, tú como autor tienes la obligación de estar en esta red.

Lo primero será hacerse un perfil. Goodreads permite a los autores de obras ya presentes en la plataforma crear un perfil de autor, que es básicamente lo mismo que uno personal. Es posible que ya exista un perfil nuestro en esta web, ya que si alguien ha introducido alguna de nuestras obras, este se crea automáticamente. No ocurriría nada; podrías reclamar que eres tú mismo simplemente clickando en «Is this you? Let us know». Una vez demostrado que eres el autor, Goodreads te dará el control de ese perfil para que lo cumplimentes, de nuevo sin olvidar la dirección de tu blog personal. Además, como autor podrás cambiar la información de tu propia obra, pero no toda. Si quieres variar cosas como la edición o la portada, tendrás que contactar con

21   http://www.goodreads.com

algún usuario con la denominación de bibliotecario o «Librarian», como se les conoce por aquí.

Si, por el contrario, te has dado de alta pero tu libro todavía no está en esta red, no dejes pasar el tiempo y crea tú mismo una ficha. Antes de ello, asegúrate bien de que el libro no está presente realizando una búsqueda por título y, si no sale nada, por autor. Si no hay suerte, introduce los datos de tu libro presionando en el botón que encontrarás a la derecha del buscador: «Manually add a book». No olvides añadir sinopsis, idioma y portada (el botón de esta última está semiescondido arriba a la derecha donde dice «Add a cover image for this book»).

Una vez que tengas tu perfil y la ficha de tu libro dispuestos, invita a tus familiares, amigos, conocidos y demás contactos a Goodreads. No lo hagas masivamente, sino seleccionando a aquellos que sepas que puedan estar interesados en la literatura. Y anuncia tu obra a todos los contactos que ya tengas ahí, especialmente aquellos de más confianza o con quienes mantengas una relación más estrecha. Algunos te dejarán una votación positiva aunque no te hayan leído, y otros marcarán que están interesados en tu libro, o lo marcarán como «por leer» («to read»). Es más fácil y lógico llamar la atención de otros usuarios si nuestra obra se encuentra en una buena cantidad de listas de lecturas pendientes.

Las posibilidades de promoción en Goodreads no se quedan en crear una ficha y estar presentes por si alguien nos anda buscando. También podemos utilizar esta plataforma para hacer promoción activa, a través, por ejemplo, de una campaña de pago o la realización de un sorteo, también llamado «Giveaways». Mucho ojo con estos sorteos, porque, si lo gana alguien en la otra punta del mundo, tendrás que cargar tú con los gastos de envío.

Goodreads ofrece todo tipo de herramientas que, en principio, podrían parecer válidas para promocionar nuestra obra, pero que no siempre funcionan. Nunca debes:

» Hablar de tu libro o poner enlaces al mismo en grupos, a menos que alguien te lo pida.
» Recomendar tu propio libro a tus contactos. Esta opción, «Recommend it», está ahí para que recomiendes obras que te han encantado, no para la promoción.
» Abusar de los mensajes privados con fines de venta o solicitando una buena puntación y/o reseña. No pidas limosna.

» Puntuar tus propias obras y dejar un comentario sobre las mismas. Debes mantenerte alejado de esto, recuerda que debes hacer creer que es algo que no te interesa.

» Invitar a esta red a personas que sabes que no tienen interés en la literatura.

Lo que sí tienes que hacer es aprovechar de forma positiva todas las opciones que tienes, que no son pocas:

» Vota los libros que leas. Deja comentarios en ellos y, si tienes un blog de reseñas, pon enlaces al mismo.

» Participa en los retos de lectura anuales. Márcate uno realista y cúmplelo. Es una buena forma de desmarcarte como un gran lector.

» Interactúa con los lectores. Responde a sus mensajes privados, déjales comentarios, dale «like» a sus reseñas y actividades, sé siempre cordial y constructivo; evita enfrentamientos o comentarios negativos. No estás aquí para hacer enemigos, especialmente en un lugar donde cualquiera puede tomarse una venganza personal poniendo una mala puntuación a tu libro.

» Aunque esta red diferencia entre amigos y seguidores, y admite que todas las peticiones de amistad que nos lleguen se transformen automáticamente en nuevos seguidores, lo mejor es que aceptes las solicitudes de amistad. Deja que tu número de seguidores aumente de forma natural. Si haces un buen trabajo, verás cómo esto termina ocurriendo sin necesidad de rechazar las peticiones de amistad.

» Publica algún relato en el apartado dedicado a ello: «Creative Writing»[22]. Anúncialo en tu blog con un enlace al mismo.

» Introduce tus citas favoritas de los libros que has leído. Acostúmbrate a subrayarlas para luego escribirlas aquí.

» Entra en la sección «Listopia» y vota las listas que más te gusten. Haz lo mismo con las encuestas. Participa en las que más te interesen, e incluso crea una tú mismo con tus libros favoritos.

---

22   https://www.goodreads.com/story

Siguiendo todos estos consejos y manteniendo una actividad constante —con 20 minutos a la semana puede ser más que suficiente—, tendrás acceso a una comunidad de lo más interesante y ganarás adeptos del mejor tipo: de los que leen libros.

3.2.7

aNobii

Con un número de usuarios bastante menor que Goodreads (algo más de un millón de perfiles registrados), la siguiente Red Social en la que debemos estar es aNobii[23]. Está disponible en varios idiomas, entre ellos, ahora sí, el español.

Pese a ser menos frecuentada que Goodreads, aNobii sigue resultando muy atractiva para los autores, pues es un reconocido espacio de búsqueda de recomendaciones lectoras con sus más de 47 millones de libros y su pasmosa facilidad de uso. Además de puntuarlos, sus usuarios catalogan los títulos en «estanterías» donde se puede encontrar toda la información pertinente de los mismos. Otra de las funciones principales de esta red es la «lista de deseos», espacio donde se marcan los libros que los usuarios están interesados en leer en el futuro. El solo hecho de aparecer en varias de estas listas será muy positivo para nosotros como escritores.

Aunque funciona con un sistema de seguidores como el de Twitter, esta red hace una distinción muy curiosa entre aquellos contactos que se conocen en la vida real y los que son solo amigos virtuales. Aparte de esto, uno de sus rasgos más importantes es el de los grupos, espacios donde los usuarios discuten sobre sus lecturas favoritas. Ni que decir tiene que nosotros podemos participar en estos grupos, pero siempre con respeto y, en general, siguiendo las mismas recomendaciones que ya vimos en el apartado dedicado a Goodreads.

23 http://www.anobii.com

3.2.8

Wattpad

Wattpad[24] es una red social cuyos usuarios comparten las historias que escriben. Se trata, por lo tanto, de una red de lectores y escritores con unos 25 millones de usuarios en todo el mundo. Su versatilidad y formato le han dado gran fama entre muchos escritores noveles que suben sus cuentos y los exponen a la vista de todos por primera vez. Suele ser normal que muchas de estas historias, animadas por los comentarios y la expectación levantados entre su audiencia, den el salto y sean publicadas en Amazon.

Tal vez esta red no sea la más indicada para hacer promoción de tu libro, pero, si publicas cuentos en tu blog, por ejemplo, puedes compartirlos aquí también. Si tus escritos tienen éxito entre los usuarios, estarás fortaleciendo tu comunidad y, lo que es más importante, estarás ganando lectores reales que pueden interesarse por tus libros publicados. Es un trabajo cuya recompensa tal vez no sea directa ni inmediata, pero que sirve para ir construyendo y fortaleciendo nuestra posición como autores.

No es obligatorio estar aquí, pero sí muy aconsejable.

3.2.9

Otras redes sociales literarias

No te pienses que la lista de redes sociales literarias se cierra con estas tres que ya hemos mencionado. En realidad son muchas más, muy similares todas ellas a Goodreads y aNobii, pero siempre con sus pequeñas diferencias. Puede llevarte un tiempo, y seguro que no resulta agradable, pero necesitas tanta visibilidad como sea posible, por lo que debes asegurarte de que tu libro esté en todos estos espacios. La ventaja es que no tienes por qué mantenerte activo en todas estas redes, ni siquiera entrar cada semana; solo encárgate de introducir tu libro y echar un ojo de vez en cuando. Si conoces a usuarios frecuentes de estas plataformas, mantente en contacto con ellos a través de otras redes que sí frecuentes más a menudo, por si acaso ellos notan alguna novedad. También puedes seguir estas redes a través de sus respectivos perfiles en Facebook o Twitter para estar al tanto de sus noticias.

Aquí tienes una lista de las principales redes donde tu libro no puede dejar de estar. Algunas están disponibles en español, otras no, pero eso debería resultarte indiferente:

» Entrelectores (http://www.entrelectores.com)
» Lecturalia (http://www.lecturalia.com)
» Librote (http://www.librote.com)
» 24symbols (http://www.24symbols.com)
» ComparteLibros (http://www.compartelibros.com)
» BiblioEteca (http://www.biblioeteca.com)
» Sopa de libros (http://www.sopadelibros.com)
» Quelibroleo.com (http://www.quelibroleo.com)
» Librarything (http://www.librarything.com)
» Túquélees (http://www.tuquelees.com)

Mención aparte merece Ediciona[25], la red social específica del mundo de la edición. No está orientada hacia el lector, sino hacia los distintos profesionales que hacen posibles los libros: editores, editoriales, correctores, maquetadores, diseñadores de cubiertas, distribuidores, bibliotecarios, libreros, periodistas, traductores, fundaciones culturales, expertos en marketing editorial, agentes literarios e incluso escritores.

Si bien su apariencia no está muy conseguida y la experiencia de navegación es bastante mejorable, se trata de un espacio muy interesante para hacer contactos, participar en foros, encontrar

25   http://www.ediciona.com

recursos de todo tipo (información legal, premios, estudios, análisis económicos, aplicaciones, etc.) e incluso ofrecer servicios o encontrar ofertas de trabajo.

Como ocurre con las otras redes literarias, tienes que abrirte un perfil aquí aunque luego no vayas a utilizarlo demasiado. Procura ir actualizándolo con los datos y eventos más relevantes que vayan ocurriendo en tu carrera. También te conviene dedicarle unos minutos a sus distintas funciones, pues pueden resultarte de gran utilidad.

3.3

Comunicación

Una vez que ya hemos establecido los lugares en internet desde los cuales vamos a posicionarnos y actuar, toca repasar el contenido de lo que vamos a publicar. Qué vamos a decir, cuándo y cómo. En las secciones anteriores ya han aparecido varias de las pautas más importantes que tenemos que seguir a la hora de comunicarnos con nuestra comunidad. Aquí las vamos a desarrollar, dividir y, para que no quede ninguna duda, argumentar. Vas a ver que todas nuestras recomendaciones van a estar relacionadas, de una u otra forma con mantener siempre la coherencia de nuestro discurso y de nuestra imagen personal.

3.3.1

De qué habla un escritor

Al principio de este capítulo comentábamos la importancia de comenzar a comportarnos como un autor consagrado. Todavía no lo somos, la prueba empírica es que estás leyendo este manual de autopublicación, pero eso no debe impedirte actuar como tal. Hay una expresión en inglés que nos va a ayudar en esta ocasión: «fake it till you make it» o, lo que es lo mismo, «fíngelo hasta que lo consigas». Esto quiere decir que mientras estamos en camino de conseguir un objetivo, debemos comportarnos como si ya hubiéramos llegado a él. Esta actitud, acompañada de grandes dosis de trabajo duro, de aprovechar todas y cada una de las oportunidades de aprender, y de la humildad necesaria para saber que todavía queda mucho por hacer, va a ayudarte a conseguir tus metas.

Dicho esto, y con esta filosofía por bandera, vamos a empezar a actuar como escritores profesionales que, como ya hemos comentado, solo se preocupan por la promoción de su obra si les preguntan por ello. De cara al público, los escritores suelen hablar de escritura (técnicas, manías, trucos, etc.), de clásicos, de grandes obras que les influenciaron, de otros escritores, de filosofía, de arte, de historia, del futuro que imaginan, de la vida, de política, de la sociedad... Temas trascendentales respecto a los que aportar un punto de vista original y una reflexión elaborada y profunda para la posteridad.

¿Qué ocurre si no encajamos en este estereotipo? No pasa nada, porque no todos los escritores tienen que ser iguales. Por ejemplo, no hablan del mismo modo un autor especializado en relatos de comedia, que uno que escribe novela negra. Cada uno trata los temas que más le interesan con un punto de vista coherente con su propio perfil. No obstante, la idea de un autor como alguien que sabe perfectamente de lo que está hablando y/o que se piensa mucho qué es lo que va decir, siempre va a estar ahí. Y tú tienes que actuar en consecuencia, tener claro en todo momento que eres una persona cuyos escritos —y no solo los publicados— van a ser leídos por un público extenso, e incluso revisados con lupa en busca de fallos y dobles significados.

Todo esto nos lleva a la regla de oro: tómate muy en serio cualquier cosa que vayas a enviar a la esfera pública, ya sea una novela, un artículo o un simple tweet. Trata todo lo que escribas como si fuera tu obra cumbre.

Otra cosa que todos esperan de un escritor —además de que sea millonario y tenga especial tendencia a la bebida— es que sea una persona inteligente, más que la media, al menos. No vamos a discutir si lo eres o no, simplemente actúa como tal: de nuevo, infórmate bien antes de publicar o compartir cualquier cosa y cuenta hasta 10 antes de darle al botón de enviar/publicar. Además de esto, es muy interesante que juegues con la inteligencia de tus lectores. Nunca trates a tu público como si fuera tonto, sino todo lo contrario. Imagina que cuando accedes a Facebook estás entrando a una sala donde se celebra un juicio y tienes que dar lo mejor de ti mismo para convencer al jurado.

Por otra parte, también tenemos nuestra especialidad. Ya sabes que debe haber, como mínimo, un tema en el que seas experto y en el que se espere de ti una opinión seria, cierta e indiscutible. Y si hasta el momento no hemos destacado en nada, o no lo hemos mostrado al mundo, vamos a empezar a hacerlo. La temática y el género de nuestro libro nos ayudarán a ello. Por ejemplo, si somos autores de una historia de amor situada en Japón durante la Segunda Guerra Mundial, podemos destacar hablando de guerras y tácticas militares; de amor, romanticismo y sus muchos campos relacionados, como la poesía o la música; de historia contemporánea (sociedad, economía, costumbres, religión); de viajes; de Japón, etc. Aplicando esta regla, podemos presentarnos a nosotros mismos como expertos en una buena cantidad de temas que, por otra parte, ya conoceremos a la perfección porque, si no, no seríamos capaces de haber escrito sobre ellos, ¿verdad?

Esta especialización también nos va a dar una pista sobre a quién seguir en las redes sociales. Tener de contacto a los principales expertos de nuestro campo nos va a ayudar a situarnos en este mundillo en concreto, lo que también nos ayudará a estar a la última en nuestra parcela de conocimiento. Esto también nos dará bastante material relevante que compartir con nuestra comunidad. Verás cómo con estas prácticas, poco a poco, irás atrayendo a una audiencia muy interesada en tus temas favoritos y, por cierto, ¿a que no sabes quién ha escrito un libro estupendo que trata sobre eso mismo?

Si, por el motivo que fuera, no te ves capacitado para presentarte a ti mismo como experto en ninguna materia, siempre puedes recurrir al mundo que te ha traído hasta aquí: la literatura. Habla de libros, lecturas, escritores, movimientos literarios, géneros, épocas. Habla de tus preferencias, de las experiencias lectoras que te marcaron, de tus citas favoritas de escritores, de las técnicas narrativas que prefieres o que más te llaman la atención. Escribe sobre ello, haz de ti un experto reconocido en literatura y atrae a lectores a tu blog. De nuevo y, hablando de libros, ¿a que no sabes quién ha escrito uno?

Pase lo que pase, no caigas en la tentación de sacar a pasear un enlace a tu libro a la menor ocasión. Por supuesto que vamos a tener el acceso a nuestra obra siempre dispuesto y al alcance de la mano, pero no lo vamos a ofrecer activamente. La idea es actuar como un autor y un experto, alguien a quien merece la pena seguir, leer, escuchar, atender, y con quien sería maravilloso tener una conversación. Esto, y no otra cosa, será lo que hable bien de ti, tanto que será tu forma particular de vender libros. Venta indirecta: siempre más elegante y acorde con nuestra trabajada reputación de expertos.

Pero, claro, va a haber momentos que requieran la venta directa, sobre todo aquellos en los que tengamos un libro en preventa, o cuando estemos planeando una promoción especial de Amazon, por ejemplo. En esos momentos puntuales, manteniendo siempre la coherencia de los rasgos característicos de nuestra imagen de autores, sí vamos a promocionarnos, como veremos con mayor detenimiento en el capítulo siguiente.

Hay que tener en cuenta la fina línea que separa el ser alguien respetado de resultar prepotente. Debes saber que un status de experto no convierte nuestra palabra en la ley. Sé siempre humilde, mantente dispuesto a escuchar la opinión de los demás, responde a todos los que te escriban, ya sea en público o en privado, nunca sientes cátedra ni alecciones, defiende tus argumentos sin descalificar ni menospreciar, y da la razón, e incluso pide disculpas, cuando la situación lo requiera. No te conviertas en uno de esos tipos que se creen superiores al resto porque han recibido un par de alabanzas de más.

Por el contrario, y sin necesidad de ser creyente ni seguidor de ninguna religión, confía en el concepto kármico de que todo lo que pongas en movimiento volverá a ti tarde o temprano. Sé amable, servicial, íntegro, honesto, siembra una actitud positiva y haz sin esperar recibir nada a cambio. Evita confrontaciones y trata a los demás siempre de la mejor forma posible. Cuando alcances reconocimiento, ayuda a quienes te pidan consejo o necesiten algo de ti. Recuerda que tú no siempre estuviste arriba. Siembra buenas acciones y recogerás éxito.

Hablando de honestidad, esto nos lleva irremediablemente de vuelta al concepto inicial de «fake it till you make it». Debes saber que esta máxima es una simple herramienta para ayudarnos a conseguir la posición que buscamos, nada más. No la lleves demasiado lejos falseando información sobre ti, inventándote datos, creando personajes y eventos ficticios, o interpretando un papel forzado y totalmente alejado de la realidad. El «fake it till you make it» es una postura, una forma de relacionarse en nuestros canales de autor, no un modo de vida. No exageres ni trates de engañar a nadie, que la mentira tiene las patas muy cortas. Sé responsable.

Nuestra actividad como autores va a acaparar la mayor parte de nuestras publicaciones en las redes sociales, lo que va a dejar muy poco para el uso primitivo de las mismas, esto es, la vida privada. A partir de ahora debes saber separar entre lo que posteas en tus redes y lo que hubieras posteado anteriormente. Todos los espacios que registres bajo tu nombre deben ser profesionales y estar dedicados a tu imagen de autor. Esto no significa que debas dejar de publicar cosas personales sobre ti; de hecho, no va a estar mal compartir algo de tu día a día, como un viaje, una visita a una exposición, o incluso una foto de familia. Pero no abuses. No te distraigas del objetivo principal de tu red de autor. Si quieres tener una actividad «normal» en redes sociales, hazlo desde otros perfiles no relacionados con tus páginas de escritor.

Como en todo, también hay excepciones para esto. Si nuestro campo de especialización está relacionado con la juventud, la tecnología, las nuevas formas de comunicación, la sociedad actual, las relaciones personales, la moda, la televisión, el humor, o incluso el romance, no se consideraría algo negativo postear sobre nuestra vida privada. Incluso podría llegar a ser positivo, dependiendo del tono que solamos usar, y de nuestro público objetivo.

Para finalizar, ten mucho cuidado a la hora de abordar temas polémicos. No solo la política y la religión son temas candentes, también están las cuestiones sociales como los distintos idiomas, regiones, países, razas y deportes, especialmente, cómo no, el fútbol. Tampoco son fáciles de manejar la economía, las tradiciones o la filosofía, por no hablar de los gustos literarios, musicales, cinematográficos, etc. Tú conoces mejor que nadie cuáles son estos temas candentes en tu país o región, de modo que, a menos que tu obra y/o tu especialidad traten alguna de estas materias, procura mantenerte alejado de ellas. O, por lo menos, neutral. Si vas a dar el salto, pon un extra de cuidado antes de publicar algo de lo que luego te puedas arrepentir. La polémica vende, es cierto, pero no todo el mundo está preparado para convivir con ella.

3.3.2
Estilo

Una vez que hemos encontrado el tono con el que queremos dirigirnos a nuestra comunidad, debemos cuidar la forma que le damos a nuestras palabras. Recuerda que eres escritor, una persona que trabaja con el lenguaje escrito, por lo que se espera de ti un estilo cuidado e impecable.

Esto no significa que te tomes como un ejercicio de escritura cada frase que escribas. En muchas ocasiones, sobre todo en redes sociales, va a primar el uso de un estilo directo en el que lo más importante es dejar claro el mensaje. Así que guarda tus mejores construcciones para artículos más especializados o de opinión, y escribe corto y fluido en las redes.

También debes encontrar la forma idónea para cada lugar y público. No tiene la misma seriedad LinkedIn que Instagram, al igual que tampoco podemos dirigirnos de la misma forma a gente joven que a adultos. Es importante que sepas cuál es tu público y dónde se encuentra, para comunicarnos con él de la forma más efectiva posible. Para conocer datos de nuestra audiencia, como edad, sexo, idioma o procedencia, las estadísticas de nuestra página de Facebook serán muy útiles. Nunca dejes de estudiarlas. También se recomienda utilizar el sentido común: es posible que nuestro público no sea muy mayor si, por ejemplo, escribimos terror adolescente.

Los puntos a continuación marcan el estilo que debemos mantener, especialmente en redes sociales:

- » La redacción debe ser ágil y dinámica. Procura que el mensaje llegue de forma clara y concisa. Usa frases y párrafos cortos. Por ejemplo, Twitter calcula que los tweets con menos de 100 caracteres tienen un 18% más de interacciones.
- » No aburras, especialmente en redes donde no tengas límite

de espacio. Usa frases frescas y con gancho, pero rehúye de eslóganes publicitarios muy manidos del estilo «la novela revelación del año», «la historia que conmovió a...», «ahora por solo 0,99$», «¿te lo vas a perder?», etc.

» Sé coloquial en las redes más desenfadadas, como Facebook y Twitter.

» No es la primera vez que lo decimos, pero, por si acaso, cuida la corrección gramatical y ortográfica. Recuerda: eres escritor, te dedicas a esto, debes tener un nivel superior a la media.

» Sé tan visual como puedas. De nuevo, los tweets con imágenes tienen nada menos que un 52% más de RT, y un impresionante 313% más de interacciones totales. Eso sí, infórmate bien de los derechos de autor de las imágenes que vayas a usar, sobre todo en publicaciones de tu propio blog.

» Inicia los textos con la información más importante y luego ve hacia lo más específico. Hoy en día, con la saturación de información que llega por todas partes, los usuarios tienen la tendencia de mirar por encima y solo pararse a leer si han encontrado algo que les resulte atractivo.

» Usa construcciones en forma activa, rehuyendo de frases pasivas.

» No abuses de abreviaturas estilo chat ni de emoticonos, gifs animados, o cualquier otra modalidad de plugin que resulte demasiado llamativa o molesta.

» Pon las mayúsculas en su sitio, o sea, al principio de frase o para los nombres propios. Su uso generalizado, en internet, es igual a gritar (y un escritor prestigioso no da gritos).

» Para finalizar, mejor no uses símbolos raros más allá de la almohadilla para los hashtags o la arroba para mencionar cuentas. Con respecto a la arroba, tampoco queda del todo bien si se usa para marcar ambos sexos en una sola palabra, como «niñ@», por ejemplo. Usa mejor las letras disponibles.

3.3.3
Buenas prácticas

Una vez que sepamos de qué hablar y hayamos encontrado nuestro estilo, hay que tener en cuenta las buenas prácticas de comunicación para nuestros distintos perfiles en redes sociales y nuestro blog.

Una de las cosas de las que debemos encargarnos es de mantener siempre la actividad. Podemos tomarnos cortos descansos controlados de un par de días, o incluso unas vacaciones, pero nuestro aparato de comunicación debe seguir rodando, especialmente si nuestra obra lleva unos pocos meses en la calle. Aunque hayamos acordado solo actualizar nuestro blog un par de veces por semana, nuestras redes deben estar vivas, sobre todo las principales, Facebook y Twitter, que también son las que más atención requieren. Es un pequeño sacrificio que tenemos que hacer para no dejar de estar presentes. Al menos, hoy en día se puede hacer todo con un smartphone o una tablet.

Por otra parte, no debemos pasarnos posteando: como ya hemos comentado, el tope se encuentra en 2 publicaciones al día en Facebook y entre 7 y 15, suficientemente espaciadas, en Twitter. Recuerda que si le resultas pesado a un usuario, es probable que este te silencie y/o te deje de seguir.

Sigue a quien te siga, sobre todo al principio. No dejes de hacer esto hasta que tu red crezca lo suficiente como para que puedas permitirte perder algún seguidor. Esto también se aplica a las solicitudes de amistad en redes como LinkedIn o Goodreads. La excepción la encontramos cuando nos solicitan amistad aquellas cuentas de dudoso origen que, o bien no están en nada relacionadas con nosotros o nuestra actividad, o son claramente perfiles falsos o bots (cuentas artificiales dedicadas a hacer spam y otras malas prácticas).

No olvides que para que te sigan es necesario que también sigas tú. Nadie se va a fiar de una cuenta que no sigue a nadie, pues denota falta de interés en cualquier tema, prepotencia, falta de actividad, o una mezcla de todo ello. Sin duda, la actividad en redes como Twitter es la llave para ir consiguiendo seguidores. Eso sí, ten mucho cuidado con no hacer follow masivo. En el término medio está la virtud, como diría Aristóteles.

Desarrollamos un poco más la idea de la actividad. Deja comentarios, da a like, haz RT, comparte, etiqueta a gente, muéstrate siempre vivo y, sobre todo, positivo. Responde a todo el mundo. Es muy importante que nunca dejes una pregunta, petición o ruego sin contestar. Eso sí, ignora a trolls y haters, usuarios que, por algún motivo, buscan hacernos el mal. Lo mejor es no hacerles caso en la medida de lo posible hasta que se aburran, o sean puestos en su sitio por tus propios seguidores.

Sé agradecido cuando alguien comparta algo relacionado contigo, cuando te dejen un comentario o cuando te mencionen. Recuerda que nadie está en la obligación de hacerte ningún favor, y que hoy en día el contenido de los muros, timelines y páginas de perfil es algo de valor e importancia en la vida de la gente.

Entra en debates, participa en discusiones y aporta tu punto de vista de experto. Siempre bien informado, respetuoso, prudente, educado y haciendo gala del mejor fair play. Mantente alejado de los extremismos o las ideas difíciles de defender o demostrar y, si ves que tus argumentos no se sostienen o que estás en un error, sé juicioso y humilde. Recuerda que una retirada a tiempo es siempre una victoria.

Y si no encuentras ningún debate lo suficientemente excitante como para participar, genéralo tú mismo. Crea opinión, pregúntale a tu audiencia y menciona a otros usuarios que creas interesados. Escucha sus respuestas y modera el debate mostrándote tan neutral como puedas. Procura aportar tu punto de vista de experto. Es tu sello personal.

Comparte información que te llegue, aunque tú no seas el autor. Si ves algún video, imagen o presentación de especial interés, no lo dudes y compártelo con un comentario tuyo. No esperes a que lo haga todo el mundo para hacerlo tú. Por supuesto, menciona la fuente o de dónde lo has sacado, no te pongas medallas que no te corresponden. Es posible que el contenido de un video viral no case con tu estilo, pero recuerda que salirse del guión de vez en cuando tampoco está mal, que las redes sociales, al fin y al cabo, están ahí para la diversión. Aunque, eso sí, hay que tener especial cuidado con el contenido de lo que compartimos. Asegúrate de haberlo visto/leído por completo, de que no se trata de un bulo, y de que no pueda resultar ofensivo a ciertos segmentos de tu propia audiencia. Cuídate también de que lo que compartas no se pueda interpretar con segundas intenciones que te puedan dejar en evidencia. Como siempre, cuenta hasta 10 antes de darle al botón. Mejor ir un poco más despacio que tener que andar borrando después.

Huye del spam, y no solamente del de los demás, sino del que tú puedas producir. Ya lo hemos dicho y no nos cansaremos de decirlo: limita al mínimo el número de posts con enlaces a tu libro. Recuerda que tu mejor publicidad es tu actitud, tu trabajo y el interés que emana de ellos. Por eso mismo, procura aportar siempre valor. Sé imaginativo y planifica tus publicaciones, especialmente las de tu blog.

Como se trata de no inundar las redes con spam, tampoco debemos apoyar a otros a hacerlo. Es posible que esto entre en conflicto con la idea de ser servicial con los demás, pero debes pensar en tu reputación. Una cosa es ayudar a alguien que te lo pide, y otra muy distinta es compartir anuncios que posiblemente no interesen nada a tus contactos. Si de verdad quieres apoyar una causa, escribe una entrada razonando por qué lo haces y por qué es importante que la gente colabore.

Por lógica, siguiendo el argumento anterior, no vayas solicitando tú a los demás que hagan spam u otra actividad molesta por ti. Por regla general, cuanta menos ayuda pidas a tu comunidad, mucho mejor. Y si vas a pedir ayuda de forma pública y masiva, que sea para algo benéfico, urgente o necesario, no para tu propio interés. Guárdate esas balas para cuando realmente lo necesites; son muy caras.

Algo parecido ocurre con los emails y los mensajes privados. No abuses de ellos ni te dediques a enviar sistemáticamente comunicados en forma de plantilla a un montón de personas distintas. Entiende que, si tienes la posibilidad de intercambiar mensajes privados con alguien, es porque esa persona te ha dado su confianza. Usa bien este medio para entablar un contacto directo y personal; nunca mecánico. No dejes en mal lugar tu imagen de escritor ni tires por tierra tu buen nombre.

También es una buena idea realizar ofertas exclusivas para tus fans y seguidores en las redes sociales. Recompénsales por estar a tu lado apoyándote, aunque sea de forma testimonial. Puedes organizar uno o varios sorteos, cuyo premio —o al menos uno de ellos— va a ser, por supuesto, tu libro firmado y dedicado.

Para finalizar, tal y como apunta Alejandro Capparelli, nos ayudará a fortalecer nuestra imagen de autor especialista en un campo en concreto —ya sea literario o no— el colaborar con artículos a nuestro nombre en una web o blog distinto al nuestro. Cuanta mayor fama tenga este espacio, mayor será el impacto de nuestra colaboración. Esto tendrá un efecto espléndido sobre nuestra imagen de expertos. Además, si conseguimos incluir un enlace a nuestro propio blog, aumentaremos el tráfico de gente interesada en nuestro trabajo, o lo que es lo mismo, los clientes potenciales[26]. Eso sí, hay que tener en cuenta que dicha web o blog debería tener alguna relación con el campo en el que destacamos, del mismo modo que procuramos mantener la coherencia temática en nuestro propio blog de autor.

3.3.4
Reacción a reseñas
y comentarios

Una vez que nuestra obra esté en el mercado y se hayan creado varios perfiles de la misma en las redes sociales literarias, los lectores comenzarán a dejar sus valoraciones, puntuaciones y, en algunos casos, comentarios. Estas valoraciones siempre van a ser a título personal, por lo que no debemos tomárnoslas demasiado a pecho: nadie posee la verdad absoluta y, por muy refinado que sea el gusto del individuo en cuestión, una opinión va a ser siempre subjetiva. Lo ideal es permanecer ecuánime tanto para las notas positivas como para las negativas, y contestar, si corresponde, con la cabeza fría y los ánimos templados.

---

26   Alejandro Capparelli, Edición Indie (2015), páginas 132-133.

Comentarios/reseñas
positivos

Obviamente, no es lo mismo responder a una crítica positiva que a una negativa. Vamos a empezar por lo fácil: la zanahoria.

No es necesario dejar una respuesta por cada valoración positiva que recibamos. Todo el mundo va a suponer que te encanta que la lectura de tu obra haya gustado. Sin embargo, no está de más agradecer el detalle de que hayan sacado tiempo para leerte. Ahora bien, una cosa es agradecer en un par de líneas al lector/reseñador, y otra bien distinta es regodearse en las bondades de nuestra obra. Lo ideal es ser comedidos y humildes, especialmente si hemos recibido muchos halagos. Y mejor comunicar tu agradecimiento usando las redes sociales, que dejando un comentario en el blog que nos ha reseñado, si es el caso.

Por nuestra parte, debemos tener siempre localizadas estas valoraciones o comentarios, especialmente aquellos que mejor hablen de nuestra obra, o los que procedan de un sitio web que consideremos de especial valor. Si se trata de una valoración positiva en Amazon o en una red como Goodreads, podemos anunciarlo, sin spamear, en nuestra red. Si se trata de una reseña, además debemos asegurarnos de que el enlace aparezca en el apartado que tengamos dedicado a tal efecto en nuestro blog.

Conviene realizar una lectura activa de la reseña o comentario, buscando aquellas frases más llamativas, impactantes, sor-prendentes, potentes, etc., para agregarlas también a la descripción de nuestro libro en Amazon, nuestra web, y aquellos espacios que tengamos dedicados al mismo. No olvides usar las comillas y citar la procedencia y/o autor.

Comentarios/reseñas
negativos

Ahora viene lo difícil: el palo.

No es agradable leer una mala crítica de nuestra obra. Es posible que se trate de uno de los peores tragos para un autor, sobre todo al principio de su carrera. Debes saber que todos los escritores sin excepción han recibido algún comentario desfavorable en sus vidas. Y esto incluye desde el Premio Nobel de Literatura más brillante, al autor con menos éxito de todo Amazon, pasando por las estrellas más rutilantes de las listas de ventas. No permitas que una reseña negativa acabe con tu ánimo.

De hecho, y si lo piensas bien, una mala crítica puede ser muy positiva para ti. Se trata del enfrentamiento con una realidad referente a tu obra que hasta el momento desconocías, bien porque ninguno de tus lectores había querido molestarte con ello, bien porque ese lector en particular es demasiado agudo o quisquilloso. Ese comentario negativo te enseña cosas que tú no habías sido capaz de ver y que, en el futuro, pondrás cuidado en no volver a repetir. No se trata de aprender a palos pero, en este caso, las malas experiencias suman experiencia. Bienvenidas sean.

Lo principal es que no tomes decisiones en caliente. Déjalo estar por unas horas o un día antes de volver a leerlo. Invita —por privado— a alguno de los contactos de los que más te fíes para que la lean y te den su opinión, y luego saca tú tus propias conclusiones. Es cierto que las malas críticas enseñan, pero debemos asegurarnos de que en esta ocasión no se ha sido injusto con nosotros, ni que haya habido ensañamiento, ya que no todas las críticas son constructivas. Léela de nuevo al día siguiente, cuenta hasta 100 y entonces contesta.

Alejandro Capparelli opina que hay diferentes acciones a tomar dependiendo de los distintos tipos de críticas negativas. Si se trata de una queja por el formato de edición (maquetación, erratas, errores gramaticales, formato del libro, etc.) es conveniente pedir disculpas y, de ser posible, ofrecer un resarcimiento, como el envío gratuito de la misma obra con el error corregido. Si la crítica va dirigida al contenido, podemos ofrecer al lector un punto de vista distinto y de calidad que produzca un debate enriquecedor. Esto, además de demostrarle que su opinión es válida, hace que la reseña no quede como única verdad acerca del libro. También podemos pedirle a algún lector con quien tengamos buena relación que ofrezca su visión para ganar puntos a favor. Finalmente, Capparelli desaconseja eliminar la reseña si esta se encuentra en algún medio que nosotros controlemos, ya que su efecto adverso puede ser peor aún (se nos podría acusar de censurar las opiniones de los demás, por ejemplo). En esos casos lo mejor será procurar que esa crítica no quede la primera a la vista de nuevos visitantes, generando nuevo contenido que la desplace[27].

Para finalizar, podemos poner como ejemplo de gestión correcta de una crítica negativa el siguiente comentario del autor Álex Pler en el post que el blog El pájaro verde dedicó a su libro autopublicado El mar llegaba hasta aquí:

«¡Hola Lorena! Ante todo, gracias por leer mi libro y reseñarlo: yo soy el primero que dejo a medias una lectura cuando no me gusta, así que entiendo el esfuerzo que te habrá supuesto. Supongo que, simplemente, cada libro tiene su lector y su momento y en este caso no se han dado esas circunstancias, por desgracia. Reconozco mi parte de culpa en esto. Me ha parecido curioso que reconoces sentirte perdida, y en cambio, tanto por el primer párrafo como por los fragmentos de la novela que has destacado, tengo la sensación de que sí captaste perfectamente lo que pretendía contar con mi novela y que además compartes ese mensaje. ¿Sintonía incluso en la discordancia? En fin, deseo que tus próximas lecturas sean más placenteras. Un abrazo.»[28]

Como podemos ver, Pler no solo agradece la reseña, sino que acepta la opinión. Expone su punto de vista con respeto tratando de ver los puntos en común entre la reseñadora y él, además de mostrar en todo momento una actitud positiva y dialogante. No hay malos sentimientos ni resquemor. Una respuesta de diez.

27   Alejandro Capparelli, Edición Indie (2015), páginas 40-42.
28   El pájaro verde. El mar llegaba hasta aquí. Consultado el 29/03/2016. http://elpaxaruverde.blogspot.com.es/2015/11/el-mar-llegaba-hasta-aqui-alex-pler.html

3.3.5

Respuesta
a las crisis

Si, pese a todos nuestros esfuerzos por controlar nuestras publicaciones, hemos metido la pata con algo que hemos escrito o compartido, nos hallaremos ante una crisis. Mantén la calma y sigue los pasos que aquí te ofrecemos:

» Identifica el problema.
» Realiza una evaluación temprana de su gravedad. Esto va a depender de varios factores, pero podemos saber de entrada cómo de importante ha sido el error. No es lo mismo haber escrito algo con una falta de ortografía que caer en un bulo o publicar —queriendo o sin querer— contenido inapropiado. También podría tratarse de un video o una foto poco favorecedora o comprometida, un artículo que en principio no habíamos calculado que resultaría ofensivo, uno de esos malware que publican cosas desagradables en tu nombre, o a lo mejor se trata de una reseña muy negativa. Valora bien el tipo de problema que es y las consecuencias que podría tener.
» Investiga cuándo ocurrió. El tiempo juega aquí en tu contra, así que no lo dejes y ve a solucionarlo nada más tengas noticias del inconveniente. Si estás a tiempo es posible que puedas borrarlo sin que nadie se haya dado cuenta.
» Sigue la pista del problema y estudia a cuántas personas ha podido llegar. Al igual que en el punto anterior, si es todavía muy pronto, es posible que puedas borrar o cambiar la información sin que nadie note nada. Eso sí, antes de borrar, asegúrate de que no tenga ya ninguna reacción ni comentario. En caso de que tenga alguna reacción (y es negativa), valora de quién procede. Hay mucha gente que se dedica a criticar los fallos de los demás solo por diversión. En estos casos, sobre todo si tiene pocos seguidores, lo mejor sería dejarlo estar

» Si es demasiado tarde y nuestro error se ha hecho público (ha llegado a mucha gente dentro de la red, o incluso ha dado el salto a otras redes), no nos queda otra que admitirlo y, dentro de lo posible, subsanarlo. No te quedes corto a la hora de dar explicaciones y no dejes ni una sola mención por contestar.

» Pide perdón si es necesario. No es nada malo. También es recomendable tomarse el asunto con humor y reírnos de nosotros mismos por nuestra torpeza. Esto ayudará a suavizar la situación.

» Finalmente, y si lo crees necesario, ofrece algún tipo de compensación, como un post dando explicaciones pormenorizadas del asunto. Esto contribuirá a que todo se quede en nada. Hoy en día, y más en internet, las cosas van tan rápido que todo se olvida con enorme facilidad.

Una vez que el asunto quede enterrado, asegúrate de aprender la lección para otras ocasiones. Y mira el lado positivo, ya tienes una anécdota para echar unas risas con los amigos.

3.3.6
Controlando nuestra reputación

Una de las actividades que debemos llevar a cabo con cierta frecuencia, una vez a la semana como poco, es monitorizar nuestra reputación. Es fundamental rastrearnos a nosotros mismos para verificar nuestra posición en la red y para comprobar nuestra reputación digital.

Podemos hacerlo manualmente revisando uno por uno todos los lugares donde sabemos que se habla de nosotros o de nuestra obra. Dada la enorme cantidad de lugares en los que vamos a estar presentes entre redes sociales, plataformas de venta, blogs de reseñas y otros medios, esta labor se puede volver tediosa y robarnos demasiado de nuestro preciado tiempo.

De modo que vamos a optar por controlar los principales puntos calientes donde se encuentra nuestra obra como son Amazon y las plataformas de venta donde lo tengamos. En este aspecto, es positivo configurar convenientemente las notificaciones vía email para no perder detalle de todo lo que se cuece en nuestras redes sociales de forma más o menos cómoda.

Pero no todo lo que se pueda decir de nosotros o nuestro libro va a estar ahí confinado. Si algo tiene internet es amplitud, así que lo más interesante será rastrear toda la red en busca de posibles menciones. No te preocupes, ya que existen herramientas que te ayudarán a hacer todo este trabajo. Elige las que te resulten más fácil de usar:

» Socialmention (http://www.socialmention.com)
» Google alerts (http://www.google.es/alerts)
» Hashtags.org (http://www.hashtags.org)
» Technorati (http://www.technorati.com), para menciones en blogs.
» Omgili (http://www.omgili.com), para menciones en foros.

Si encontramos una mención que desconociéramos, lo primero que tenemos que hacer es observar en qué términos se está produciendo la misma y si hay un hilo de conversación. Nos limitaremos a observar, respetando el espacio —nadie nos ha invitado—, y solo consideraremos intervenir si la ocasión merece la pena. También podríamos contactar con un amigo cercano para que diga algo en nuestro nombre o nos defienda si es necesario.

Una comunicación correcta y trabajada nos permitirá llegar con mayor facilidad a nuestra comunidad, del mismo modo que nos ayudará a conocer cómo somos percibidos por los demás.

3.4

La fiscalidad del autor autopublicado

El tema tributario dentro de la profesión de escritor resulta bastante confuso, al menos en España, ya que la ley no aclara a partir de qué momento es necesario estar dado de alta en actividades profesionales.

Siguiendo las indicaciones de Javier Pellicer, un autónomo es aquel que realiza una actividad de forma «habitual», esto es, que se pueda considerar como su principal fuente de sustento, o que esté por encima de la cifra que establece el Indicador Público de Renta de Efectos Múltiples (IPREM): 7.455,14€ anuales. Por otro lado, también indica que podría tomarse como límite mínimo el salario mínimo interprofesional en España: 9.172,80€ anuales. Sería lícito, pues, no darse de alta como autónomos siempre y cuando nuestras ganancias como autores no superen estas cantidades.

Sin embargo, Pellicer avisa de dos cosas. Primero, que tales cifras no aparecen en la ley sino que son argumentos ganados en los tribunales, por lo que para hacerlos valer sería necesario ir a juicio tras una hipotética denuncia de algún inspector. Y segundo, que hay que tener en cuenta que el Régimen Especial de Trabajadores Autónomos establece que un autor es escritor profesional si ha publicado 5 libros distintos por cuenta ajena (los autopublicados no cuentan) y ha percibido beneficios superiores a 900€ por la venta de los mismos.

Como conclusión, el consejo de experto de Javier Pellicer es no darse de alta como autónomo hasta que los ingresos no sean altos y frecuentes[29].

Por su parte, Eduardo Archanco avisa de la importancia de recaudar el IVA de los ejemplares vendidos, ya que si vendemos nuestras obras

---

29   La web de Javier Pellicer. La fiscalidad del escritor: ¿Debo hacerme autónomo? Consultado el 30/03/2016. http://javierpellicerescritor.com/2015/02/23/la-fiscalidad-del-escritor-debo-hacerme-autonomo-i/

desde las distintas plataformas son ellas las encargadas de cobrarlo, pero si por contra lo hacemos desde nuestra propia plataforma, tendremos que hacerlo por nuestra cuenta, agregando el 21% al precio del libro. En este último caso, tú mismo tendrás que devolverle ese 21% a Hacienda, para lo que necesitarás poder emitir facturas legales. En caso contrario, este autor recomienda no complicarse y vender exclusivamente mediante plataformas intermediarias.

Con respecto a la declaración de Hacienda, Archanco dice que ha-bría que hacerla solo si la cantidad ganada supera los 22.000€ brutos anuales[30].

Como ves, no es un asunto que resulte sencillo. Aunque en principio el tema legal solo nos va a afectar si vendemos una cantidad importante de libros —al menos en España—, ante la duda, lo más recomendable es recurrir a un asesor fiscal capaz de resolver satisfactoria mente este entuerto.

3.5

Asociaciones
de escritores

Una sensación bastante común entre los escritores, especialmente aquellos que están dando sus primeros pasos en este mundo, es la soledad. Muchas veces el autor no se siente comprendido y necesita ser escuchado y apoyado por otros que compartan las mismas experiencias y emociones. Con el boom de la autopublicación, han aparecido numerosas asociaciones de escritores que ofrecen ayuda, recursos y visibilidad para autores, con lo que brindan un respaldo importante. El coste de la participación varía entre unas y otras, pero conviene valorar la posibilidad de pertenecer a alguna, ya que

---

30   Eduardo Archanco. Ebooks Hermanos. Fiscalidad del ebook: guía para escritores independientes para no naufragar entre impuestos. Consultado el 30/03/2016. http://ebookhermanos.com/ fiscalidad-del-ebook-escritores-impuestos/

podemos enriquecernos del contacto con otros escritores. Además, estas asociaciones suelen ofrecer actividades a sus socios como publicación de libros de relatos entre varios de ellos, participación en charlas, presentaciones, descuentos especiales, etc.

Algunas de las asociaciones más destacadas son:

» Plataforma de Adictos a la Escritura
  (http://www.somospae.wix.com/siemprepae)
» Asociación de Escritores Independientes
  (http://www.asociacionescritoresindependientes.org)
» Autoras Románticas Independientes
  (http://www.autorasromanticasi.wix.com/apasionateconari)
» Asociación de Escritores Noveles
  (http://www.aenoveles.es)
» Experiencias Literarias
  (http://www.experienciasliterarias.es)

La consolidación del autor como referente es la piedra angular de todo proyecto literario que se precie. En la mayoría de los casos, los lectores van a buscar escritores, no obras sueltas. Una imagen de autor solvente y fuerte es la llave que abre la puerta del éxito. Nunca lo olvides.

3. EL AUTOR

4.

La obra

— — — — —

Una vez que ya hayamos empezado a posicionarnos en las redes sociales, hayamos encontrado la/s temática/s de la/s que hablar, tengamos el tono adecuado en el que comunicarnos, y estemos trabajando en definir y fortalecer nuestra imagen de autor, podemos empezar a pensar en promocionar nuestra obra.

El orden es primero el autor y luego la obra, por varios motivos. Primero, como ya venimos comentando desde el capítulo anterior, porque es más fácil vender un libro si existe una referencia. En este caso, se trata de nuestra cuidada reputación, que va a hablar por nosotros y que va a ayudar al comprador a tomar una decisión. Segundo, porque aunque hayamos incluido la obra en las distintas redes literarias para que sea calificada, nuestros perfiles en redes sociales y nuestro blog están a nuestro nombre. Son banderas que hemos ido dejando y que servirán para dar con la información correcta sobre nosotros, así como para canalizar a los lectores hacia las obras. Y tercero, porque títulos podemos tener muchos, pero autor no hay más que uno.

Debemos tener también en cuenta que, además del interés que seamos capaces de suscitar en los potenciales lectores con nuestra imagen de autor y nuestra capacidad de hacernos ver, el siguiente factor determinante para conseguir el éxito es, obviamente, la calidad de nuestra obra. Podemos ser los mejores vendedores del mundo que, si nuestro libro no le gusta a nadie, no vamos a poder llegar demasiado lejos. Si esto nos ocurriera, no pasaría nada. No se termina el mundo porque no consigamos triunfar con nuestro primer libro. Si tenemos la suficiente humildad para reconocer nuestros errores, la paciencia para saber trabajar en lo que hemos fallado, y la persistencia para seguir adelante, podremos reeditar una versión mejorada o invertir nuestros esfuerzos en un nuevo título.

En este caso extremo, sería preferible ir a por la siguiente obra, ya que puede ser muy complicado remontar la mala imagen de un título en concreto, además de que, si tenemos varias versiones de la misma obra, corremos el riesgo de marear a nuestra audiencia. Ya tendremos tiempo de volver a ese texto problemático y afrontarlo con mayor tranquilidad en el futuro. Es posible que simplemente no fuera el momento de contar esa historia.

Pero no pongamos el parche antes de que salga el grano y vamos a centrarnos en la promoción de la obra.

4.1
Promoción

Ha llegado el anunciado momento de la promoción de nuestro libro. Hasta ahora hemos estado despotricando de las técnicas de promoción directa, de los anuncios, de poner enlaces al libro en todas partes, de hablar de nuestra obra... ¿Pero es que hemos derrochado una infinidad de horas en escribir y publicar un libro para finalmente no hacerle caso? No, tranquilos, que no cunda el pánico.

Vamos a hablar de nuestro libro, pero lo vamos a hacer con un orden estudiado, tanto temporal, como espacial. Para empezar, vamos a aprovechar todos los huecos que nuestras redes nos ofrecen y no vamos a dejar ninguno por explotar. Vamos a poner el libro en preventa entre 3 y 4 semanas antes de la publicación. Desde ese momento, el enlace para acceder a la misma debe estar fijo en el apartado dedicado a la obra en tu blog, fijo también en nuestra página de autor de Facebook y en nuestro perfil de Twitter. En LinkedIn, debemos asegurarnos de que nuestro libro aparece en el apartado «publicaciones» de nuestro perfil con su enlace de rigor, aunque sea el de la preventa. Además, debemos escribir una entrada en el blog anunciando la preventa, así como publicar esta misma información en el resto de redes que nos lo permitan. Si tenemos algún video promocional, creatividad especial o un booktrailer, es el momento de publicarlo —sin abusar, que un video no se viraliza por mera insistencia—.

Siguiendo un ritmo de publicaciones aceptable, podremos permitirnos volver a recordar el enlace una vez por semana mientras dure la preventa en Facebook, no en el blog. En Twitter puede ser un poco más, sobre todo haciendo retweet a aquellos que lo compartan. Cuando queden 5 días puedes aumentar la cantidad (sin pasarnos). Y finalmente, de nuevo, el día mismo de la publicación, por supuesto.

Asegúrate de que en estas publicaciones quede claro que va a haber un precio especial solo para la preventa (como premio para aquellos que compren la obra en un momento en el que todavía no hay valoraciones ni referencias disponibles). También hay que dejar claro que va a haber un tiempo (entre 3 y 7 días) con una oferta de lanzamiento, que consistirá en un precio superior al de preventa, pero todavía más barato que el precio final. Por ejemplo, si nuestro e-book va a tener un precio final de 3,99€, en la preventa costará 2,99€, y durante la oferta de lanzamiento, estará a un precio reducido de 3,44€. Durante esos días de precio reducido, puedes hacer alguna publicación más en tus redes.

Esta va a ser tu actividad pública, la que todos podrán ver. Pero también debe haber una intensa actividad privada, fuera de los focos, e incluso offline, en el mundo real. Tira de agenda y haz una lista con aquellas personas que tengan suficiente confianza contigo como para querer comprarse tu libro sin pensarlo. Empieza a contactarles personalmente y uno a uno, sin mensajes refritos ni plantillas impersonales. Ojo, que tengas mucha confianza con ellos no significa que puedas exigirles, que la promoción no debe llevarnos a estropear amistades y, además, seguro que, si no lo hacen ahora, sí te comprarán el libro más adelante. Asegúrate que todos los de esa lista sepan que a) vendes un libro, b) deben reservarlo ahora porque les va a salir más barato, y c) como vamos a volver a repetir sin descanso más adelante, tienen que dejar un comentario lo más positivo posible en la plataforma de venta, y cuanto antes, mejor.

Lo interesante es que te asegures por este medio todas las ventas que puedas, ya que ello va a ayudar a posicionarte en los rankings y será un empujón inmejorable que hará que vendas unos cuantos libros extra. Con 20 o 30 compras iniciales, acompañadas del comentario de rigor en un espacio corto de tiempo, ya vas bien, ya que lo más normal es que esto atraiga la atención de otros compradores que no conoces pero que se han dejado llevar por la oferta especial de lanzamiento.

Una vez publicado el libro, los post fijos en Facebook y Twitter deben pasar a ser un enlace al mismo, ya que el espacio del perfil destinado a un enlace web debe ser siempre para nuestro blog. Es el momento de actualizar nuestras publicaciones en LinkedIn, Goodreads y el resto de redes literarias. Nuestro libro debe estar disponible en todas ellas. Nuestro blog también debe tener el enlace a la plataforma en el espacio correspondiente. Será muy interesante si podemos contar con un espacio permanente en este último para que se vea nuestra publicación con un enlace accesible. Pero, eso sí, asegúrate de que no se trate de un molesto pop-up que salte a la cara de nuestros visitantes.

Acuérdate de que debes cuidar a tu audiencia.

No te quedes quieto, aumenta el círculo de personas que conoces para comentarles sobre tu libro. Ve siempre con cuidado, usa tu encanto personal y, sobre todo, sé respetuoso —de nuevo, no exijas—. Aquí es posible que no tengas ventas aseguradas, pero sí podrás arañar algo. Este método es más aconsejable para personas que hayas conocido en el mundo real y no por la red. Muy importante: no pidas favores a gente que no conozcas lo suficientemente bien. Para estos últimos eres un escritor, un experto que tiene una imagen que mantener. Recuerda lo complicado que es conseguir la reputación; no la pierdas por un par de ventas.

Prosigue con tu actividad normal en las redes como hasta ahora sin volver a anunciarte. Es un momento vital para la venta de tu libro, pero tú debes mantener la sangre fría y evitar al máximo —al menos, en público— volver a mencionar que tienes un libro estupendo a la venta que merece ser leído.

Controla en todo momento el número de ventas y la posición en los rankings. Haz capturas de pantalla cuando estés en los puestos más altos, asegurándote de que salen dos o tres libros que acompañan al tuyo en la clasificación y, si es posible, la categoría en la que está. Puedes usar esta imagen para tus posts en las redes, pero no debes echar las campanas al vuelo por unos buenos resultados. Recuerda tu imagen, contente y deja la celebración para tu vida privada.

Vas a volver a postear sobre tu libro después de la publicación, con su enlace correspondiente, pero debes espaciar esto en el tiempo. Mejor resérvate esas balas para cuando lleguen las promociones. Si todo marcha como es debido, la primera promoción gratuita en KDP Select no debe tardar mucho en estar disponible. Postea anunciándola en todas tus redes sociales y blog sin olvidarte de actualizar tu post fijo de Facebook y Twitter.

Entre promociones de KDP Select, también puedes realizar un sorteo en tu web, usando tus distintos perfiles como altavoz. El premio, claro, un ejemplar —Amazon te permite regalar bonos para dárselos al ganador, lo que también contará como venta—. Aparte de eso, toda creatividad que tengas puede ser compartida siempre y cuando nunca olvides que no eres vendedor de libros; eres un experto que ha escrito un libro.

4.1.1

Comentarios en Amazon
y otras plataformas

Como ya hemos mencionado anteriormente, los comentarios y puntuaciones a nuestra obra en las redes sociales literarias y, sobre todo, en las plataformas de venta, van a tener una importancia fundamental. En este apartado vamos a razonar por qué.

En tiendas virtuales como Amazon, y si has comprado en ellas lo sabrás, los usuarios miran las puntuaciones (entre 1 y 5 estrellas) y los comentarios antes de realizar la compra. Por supuesto, los productos mejor valorados son los que venden más y ni que decir tiene que a nosotros nos interesa ser uno de ellos.

Los comentarios, ya sean buenos o malos, positivos o negativos, justos o injustos, tienen la característica de que van agregados a nuestro libro y de ahí ya no se pueden mover. Esto quiere decir que a) debemos estar preparados para leer cualquier cosa sobre nuestra obra y b) va a haber una valoración global resultado de la media de todos los comentarios recibidos, por lo que una mala valoración puede quedar en nada si hay muchas buenas valoraciones que hagan de contrapeso.

Como estamos viendo, nosotros no podemos hacer que la valoración global de nuestro libro sea positiva, pero sí podemos aplicar acciones que la mejoren al máximo. Una de ellas va a ser agregar el ya mencionado texto al final del libro agradeciendo y pidiendo activamente el comentario a los lectores si les ha gustado, señalando, por ejemplo, que «un comentario positivo es muy importante para un autor independiente».

Por este medio tal vez consigamos algunos comentarios iniciales, pero no es lo más habitual, ya que los comentarios suelen demorarse bastante y hay que vender mucho para conseguirlos. Por ello, debemos encargarnos nosotros mismos de los primeros comentarios y valoraciones. Posiblemente, estas puntuaciones serán las primeras menciones acerca de nuestro libro que aparecerán en internet, ya que las reseñas suelen tardar algún tiempo más. Esto convierte a los comentarios en una referencia necesaria para las primeras semanas de la campaña de venta.

¿Y de dónde vamos a sacar esos comentarios? Como ya hemos dicho antes, de nuestro círculo más cercano. Vamos a pedirles a estas personas con las que tenemos más confianza que, además de realizar la compra, dejen la valoración en la plataforma pasados unos días. Debemos insistir en las 5 estrellas; ya habrá oportunidad más adelante de tener valoraciones de todo tipo. Por supuesto, no vamos a pedirle este favor personal a personas con las que no tengamos suficiente confianza ni, una vez más, a los miembros de nuestra comunidad online.

4.1.2

Los blogs literarios

Desde el inicio mismo de la preventa, aprovechando que tenemos el enlace a la misma listo, con la portada y la sinopsis ya disponibles y expuestos, debemos empezar a buscar reseñas, y para ello no hay mejor lugar en todo internet que los blogs literarios.

Estos blogs son espacios creados por aficionados a la lectura que comparten con la red las opiniones que les merecen sus lecturas. Aunque hay una fuerte tendencia al blog situado en la plataforma Blogger, cargado de widgets, banners y botones entre los que es muy fácil perderse, en realidad los hay de todo tipo. No es aconsejable meterlos a todos en el mismo saco. Los hay especializados en uno o varios géneros y los hay más generalistas. Por regla general tienen una cantidad nada despreciable de seguidores y visitas, no siendo complicado encontrar algunos con unos números que ya quisiera para sí mucho medio consolidado.

La opinión de estos blogueros es más o menos objetiva y siempre personal, con una innegable propensión a la crítica favorable, ya que es una práctica bastante extendida el solo reseñar los libros que les hayan gustado. Esto puede ser un punto a favor para evitarnos un mal trago en caso de que el nuestro sea de los que no se han disfrutado. En cualquier caso, debe quedar claro que las valoraciones que hagan estos blogueros no es profesional. Ellos no cobran por hacer esto y, en realidad, les hacen un gran favor a los autores y editoriales al dedicar una parte de su tiempo a leer y luego realizar una reseña de los libros que reciben.

Lo que esto quiere decir es que dichos blogs, independientemente de su aspecto, o de la mayor o menor calidad de sus publicaciones, se merecen todo nuestro respeto. Si nosotros entramos en el juego de enviarle nuestra obra para que la lean y reseñen, debemos respetar su opinión, su espacio y los tiempos que nos marquen. Y debemos mostrar nuestro respeto desde el mismo momento en que contactemos con ellos, como veremos unos párrafos más adelante.

Lo primero que hay que hacer es encontrar los blogs idóneos para nuestra obra. No todos van a servirnos. Es un trabajo en el que debemos invertir varios días, a ser posible, antes incluso de que llegue la preventa. Lo ideal es tener para entonces preparada una lista de, al menos, 20 blogs que nos gusten y que creamos aptos para reseñar nuestro libro. Tenemos que realizar una búsqueda de aquellos espacios que más nos interesen y, para evitar disgustos postreros, que cumplan con las siguientes características:

» Que acepten libros de autores autopublicados. No todos lo hacen ni tienen por qué hacerlo ya que les basta con el material que a menudo reciben de las editoriales. Por regla general, indican en un apartado dedicado a información acerca de sí mismos si leen autopublicados. Esto no siempre es así, por lo que a veces tocará investigar un poco.

» Que reseñen obras de la temática o género de nuestro libro. Esto es fundamental, ya que aumentará las posibilidades de que el bloguero nos lo acepte, le guste y lo reseñe positivamente. Como colofón, su público también será amante de este tipo de obras, por lo que el escaparate es inmejorable. Podemos encontrar sus gustos, de nuevo, en la sección sobre ellos mismos. En caso de no contar con dicha sección, podemos mirar en el apartado donde están las etiquetas, que suele figurar en la mayoría de blogs. Por lógica, las temáticas más repetidas ahí serán las favoritas del autor, o al menos de las que más suele hablar.

» Que tengan una política de reseñas definida y que estemos dispuestos a aceptar. De nuevo, nos toca investigar en su «about» o apartado similar.

» Que nos guste su estilo, gusto y forma de escribir. Para poder valorar este punto, es necesario leer sus reseñas; con un par será suficiente. Si, por el motivo que fuera, no te gusta cómo se explica o te parece mal su estilo o forma de pensar, lo mejor es que lo dejes pasar.

Si por más que busques en el blog no consigues encontrar toda la información que necesitas, pero pese a ello te resulta un buen lugar para obtener una reseña, escríbele preguntándole tus dudas. Son seres humanos como tú y probablemente tendréis muchas cosas en común. Si no es posible encontrar el email en todo blog, algo que no es lo más común pero que también ocurre, tenemos una última oportunidad accediendo a sus redes sociales y escribiéndoles por ahí. Puedes aprovechar la coyuntura para seguirles, un gesto cortés que denota buena voluntad por tu parte y que suele ser bien recibido.

Como podrás imaginar, dar con los blogs adecuados requiere tiempo y atención. No es una actividad que se solucione en una tarde rápidamente mientras haces otra cosa. Hay que sentarse, buscar detalles e ir anotando las peculiaridades que veamos o las preguntas que nos surjan, ya que esto nos va a ayudar cuando nos dirijamos a ellos. No tengas prisa en encontrar los más adecuados ni te dirijas a cualquiera al buen tuntún. Ten paciencia, internet está sembrado de estos espacios.

Pregunta a amigos y contactos que ya hayan pasado por esta situación antes. Sus recomendaciones serán muy útiles y significarán un punto de partida para la búsqueda. Una vez que encuentres un blog que te guste, ve a su apartado de enlaces o «blogs que sigo» o similares. Allí encontrarás una buena lista de lugares interesantes donde investigar y encontrar nuevos candidatos para reseñar tu obra. Repite la misma operación en los distintos blogs, es la mejor manera de conocerlos. En cuestión de días habrás confeccionado una más que interesante lista para enviar tu libro.

Vamos a prepararnos para enviar dos emails o, en caso de no contar con una dirección, mensajes privados por Facebook y Twitter.

El primero de ellos servirá para presentarnos a nosotros mismos y deberá contener lo siguiente:

» Saludo. Lo interesante es dirigirnos a la persona por su nombre o el nick (apodo) que utilice. Si este no aparece por ningún sitio, mira cómo firma las entradas del blog. Si tampoco así lo consigues, con un «buenos días» o «buenas tardes», será suficiente.

» Quién eres. Una breve descripción de ti de no más de dos líneas. Nada de biografías.

» Qué has escrito. El nombre de tu obra y los detalles más importantes de la misma: género, número de páginas, estilo, obras parecidas, etc. A continuación, déjale la sinopsis.

» Por qué te diriges a ese blog y no a otro. Aquí deberías resaltar, como mínimo, un motivo que hace que valores su opinión personal. Sé claro y sincero; huye de tópicos, exageraciones y halagos superficiales.

» Qué quieres. Ya se lo habrá imaginado, pero debemos hacer la petición formal de la lectura y reseña. Sé educado pero tampoco te pases. Recuerda que es una persona normal, no la reina de Saba.

» Ofrece tu colaboración para otras actividades como entrevistas, concursos o lecturas conjuntas. Si les parece una propuesta atractiva y les gusta el libro, estarán encantados de contar con tu apoyo para generar más contenido y dar movimiento a su blog. Y eso te favorece.

» Requerimientos especiales. Si el blog tiene alguna condición en concreto para recibir obras autoeditadas, como la necesidad de adjuntar la biografía del autor o referencias de otros blogs, debemos cumplir con ella en el email. No hacer esto es una muestra de que no nos hemos preocupado por investigar a fondo el blog, lo que nos dejará en mal lugar; mal asunto cuando se trata de una persona que va a puntuar nuestra obra.

» Adjunta la portada con buena calidad para que el bloguero pueda usarla cuando publique la reseña sin que se deforme. Si tienes, incluye también el booktrailer, o cualquier otra creatividad de la que dispongas (sin pasarnos). Puedes incluir un enlace al libro y otro a tu blog de autor.

» Despídete y dale las gracias por adelantado.

Como habrás podido comprobar, no hay que adjuntar de momento el libro. El motivo es que este primer email sirve de toma de contacto, y también estás pidiendo permiso para enviar tu libro. Solo lo vamos a enviar cuando el bloguero nos conteste afirmativamente. De este modo estaremos respetando la decisión del autor del blog, y además sabrás con exactitud quién está en posesión de tu obra. Toma nota de todos los blogs a los que hagas llegar la copia.

Lo normal es que el envío sea en formato digital: es lo más práctico —y barato— para ti, y también para el reseñador. Es cierto que la mayor parte de los grandes lectores prefieren el papel, pero hoy en día la gente que acostumbra leer importantes cantidades de libros suele contar con un e-reader. Por otro lado, es lógico que el reseñador no se sienta cómodo al recibir el libro en papel, ya que siempre está ahí la posibilidad de que no le guste y de que el libro se termine convirtiendo en un estorbo. De modo que, salvo que nos digan expresamente lo contrario, vamos a enviar el libro electrónico, eso sí, en el formato que nos pidan: .epub, .mobi o .pdf.

Además de la obra, en el segundo email será conveniente incluir lo siguiente:

» Un agradecimiento.

» Una pregunta por la fecha aproximada para la reseña. Sé siempre educado, respetuoso y comprensivo. No exijas, recuerda que estás pidiendo un favor.

» En los mismos términos de respeto, puedes optar por pedir que, a ser posible, no haga una mala reseña en caso de que no le guste el libro. Bastaría con expresarle que prefieres que deje la lectura antes de que siga haciendo un esfuerzo por terminarla si no le está gustando. Con esto es posible que te ahorres algún disgusto, aunque también puede hacer que muchos blogueros se animen a dejar la lectura antes de tiempo. Tampoco hay que olvidar que en muchas ocasiones se aprende más de una crítica negativa que de una positiva, pero también es cierto que es preferible recibir las críticas negativas de alguien a quien tengamos especial respeto. Como ves, es un punto complicado, así que tú decides.

» Pide que te avise cuando haya publicado la reseña.

» Despídete mostrándole de nuevo tu agradecimiento y recordándole tu disponibilidad para que cuente contigo en caso de que lo necesite.

Es posible que el reseñador nos vuelva a contestar, lo que nos servirá para saber que el libro ha llegado a su destinatario. Mantén la cordialidad y no olvides apuntar la posible fecha de publicación de la reseña junto al nombre del blog. Muy importante, una vez que te hayan dado el acuse de recibo, no les vuelvas a escribir hasta que no se pongan en contacto contigo. Déjalos a su ritmo y espera a que llegue el momento. Si han pasado más de tres meses desde la fecha convenida y no has recibido noticias ni la reseña de tu libro aparece en el blog en cuestión, entonces puedes volver a contactarles. En este caso, es preferible el uso de las redes sociales, que resulta menos agresivo.

Si recibimos la terrible noticia de que el reseñador ha parado de leer porque no le estaba gustando el libro, lo mejor que podemos hacer es tomárnoslo con calma y no sentirnos ofendidos. Es su opinión y pretender gustarle a todo el mundo no es una postura realista. Agradécele su honestidad y el hecho de que no vaya a publicar una reseña negativa. Aprovecha para preguntarle, sin exigencias y de buen talante, qué ha sido lo que no le ha gustado. Es una magnífica forma de recibir información valiosa sobre cómo perciben otros nuestro libro, además de constituir un pequeño informe de lectura gratuito.

Como ya hemos comentado, muchos blogs se muestran dispuestos a realizar otras actividades paralelas a la reseña. Suelen ser entrevistas, concursos o lecturas conjuntas con otros blogs similares. Esto no te llevará mucho tiempo y tendrá el único coste de un premio para el sorteo: una copia de tu libro dedicado, si está en papel, o un póster de la portada firmado. A cambio, supondría un plus de visibilidad en la red. De modo que no dejes escapar ninguna posibilidad y muéstrate dispuesto a lo que te propongan.

Otra posibilidad que ofrecen muchos blogs es la promoción mediante un post anunciando nuestro libro, o publicando material relacionado, como la sinopsis o el booktrailer. Cualquiera de estas cosas, aunque no sean reseñas, vienen genial para ganar visibilidad fuera de nuestra propia red.

Para acabar, te animamos a que no dejes de investigar en internet y de agregar posibles blogs a los que enviar tu obra, por lo menos durante el primer año desde la publicación. Piensa que todo este trabajo ya lo tendrás hecho para cuando necesites dar promoción a tus siguientes libros. Las reseñas significan material que utilizar en nuestro propio blog y redes sociales, además de una inmejorable forma de dar a conocer al mundo nuestra obra y nuestro perfil de autor.

4.1.3

Grupos en redes sociales

Un aspecto de las redes sociales que hemos estado pasando por alto hasta ahora es el de los grupos. Los grupos son lugares específicos en los que hay que estar inscritos para participar. Las redes con mayor actividad de grupos son Facebook, LinkedIn y Goodreads. Los hay privados, públicos y secretos, dependiendo del grado de privacidad. Suelen funcionar como foros especializados, ya que cada uno tiene una temática concreta. En ellos, los usuarios comparten contenido relacionado con la materia en común y exponen sus puntos de vista. Por lo tanto, los grupos son, sobre el papel, una herramienta perfecta para intercambiar información y conocer a usuarios con nuestros mismos intereses.

Pese a lo que muchos piensan, no son el lugar adecuado para promocionar nuestra obra, por varios motivos. Para empezar, la mayor parte de estos grupos tiene terminantemente prohibido el spam o cualquier cosa que se le parezca. Incluso anunciar algo sin motivo suele censurarse, llegando a ser castigado con la expulsión. Por otro lado, sí que existen grupos creados ex profeso para la promoción de autores y sus obras, pero no son recomendables porque en ellos solo hay vendedores y no compradores, por lo que su actividad real e interés suele ser poco o ninguno. Participar en estos últimos grupos «de promoción» no favorece a nuestra imagen de autor, además de presentar una pérdida de tiempo.

Gabriella Campbell recomienda la posibilidad de que seamos nosotros mismos los que creemos un grupo, lo que, si bien nos va a dar mucho más trabajo, nos ofrece a cambio el control absoluto. Tendrías la molestia de moderar las publicaciones de los usuarios, pero a cambio conseguirías la ventaja de acaparar todas las miradas sobre lo que tú posteases[1].

Esta tendencia de crear grupos para atraer la atención de los usuarios, y así conseguir dirigir las visitas a una web determinada, ha llevado a la creación de un buen número de «grupos trampa» que, tras un nombre sugerente, esconden intenciones comerciales o de otro tipo. Por suerte, estos grupos son fáciles de detectar, ya que la mayor parte de ellos tienen un post fijo, con enlace incluido, que suele llevar a una web que, en teoría, no tiene demasiado que ver con el contenido que se le presupone a un lugar así. Como ejemplo, hay grupos en Facebook dedicados a autores independientes donde la imagen de cubierta es la portada de un libro a la venta en Amazon, o el logo de una editorial o empresa. Otro detalle que suele delatar a estos grupos es que agregan a usuarios sin pedir permiso, usándolo —muy torpemente, por cierto— como «técnica de atracción». Nuestro consejo es que, una vez detectados estos sitios, no pierdas ni un segundo en ellos.

Por contra, los grupos más limpios suelen ser los más restrictivos, los que no aceptan promociones, los que prohíben los posts que no entran estrictamente dentro de las normas. Por descontado que en ellos no podremos anunciar nuestra obra, pero sí que podremos mostrarnos como expertos y como autores, fortaleciendo nuestra imagen personal y atrayendo con ello visitas a nuestro blog. Además, es una buena forma de encontrar a personas interesantes y de dar con información relevante para nuestro ámbito.

Una vez encontrado el grupo o grupos adecuados, debemos comportarnos como se espera de un escritor o un experto. Además de esto, es muy importante leer y seguir las normas, así como respetar a los demás usuarios.

1   Gabriella Literaria. Guía rápida de Facebook para escritores. Consultado el 1/04/2016. http://www.gabriellaliteraria.com/facebook-para-escritores/

4.1.4

Aparición en otros medios online y offline

Además de las redes sociales y los blogs literarios, internet ofrece más lugares interesantes para el mundo de los libros. Se trata de revistas o publicaciones online y/o offline donde podemos colaborar como autores o donde podemos conseguir espacio para nuestra obra a modo de reseña, mención o, por qué no, anuncio. Al igual que ocurre con los blogs, son muy numerosas y las hay de todo tipo, aunque suelen ser más serias y fiables. A continuación, vamos a mencionar algunas de ellas donde puede haber un hueco para escritores autopublicados y obras independientes:

» Hablando con letras (http://www.hablandoconletras.es)
» Palabra abierta (http://www.palabrabierta.com)
» Tierra adentro (http://www.tierraadentro.cultura.gob.mx)
» Revista ensueño (http://www.revistaensueno.com)
» Crisálida (http://www.crisalida.info)
» Mi capítulo 24 (http://www.twitter.com/micapitulo24)

Una comunidad a explorar fuera de los circuitos comerciales es Bookcrossing . Tal y como ellos mismos se definen, son un club de libros global que atraviesa el tiempo y el espacio. Sus miembros se dedican a leer libros y, una vez leídos, compartirlos con otros miembros de la comunidad. El modo de compartir los libros varía, pero suele consistir en dejar, o «liberar», los mismos en un punto convenido de la ciudad que sea donde otros usuarios podrán recogerlos y leerlos. Efectivamente, el objetivo de esta web es poder intercambiar libros de forma gratuita, por lo que su actividad no nos va a hacer ganar nada de dinero. Sin embargo, participar en Bookcrossing y liberar algunos ejemplares de nuestra obra, además de decir mucho de nosotros, va a ayudarnos a ganar lectores y darnos a conocer en una actividad donde confluyen millones de amantes de los libros en todo el mundo. Tanto una cosa como la otra nos vendrán muy bien.

No podemos olvidarnos de otros blogs y revistas no literarios pero que sí estén relacionados con la temática de nuestro libro o con la materia en la que somos expertos. Si, por ejemplo, hemos escrito una novela de viajes, tendremos espacio en publicaciones dedicadas a esta actividad. Es buena idea escribir a los autores o editores siguiendo las mismas pautas de contacto que con los blogs literarios. Si conseguimos colarnos entres sus artículos nos haremos visibles ante todo su público, que, por asociación, son compradores potenciales. Es, como dirían los angloparlantes, un win-win.

Finalmente, tenemos los medios de comunicación profesionales. Sus puertas suelen estar cerradas a cal y canto a no ser que seamos personajes relevantes o que tengamos un buen contacto dentro que nos eche un cable. Ambas opciones son harto complicadas, no hay que engañarse. De cualquier modo, Peio Archanco recomienda redactar una nota de prensa y probar suerte en los diferentes medios online y, por qué no, también offline. Para ello debes crear un «hecho noticioso» de tu libro. Los hechos noticiosos son situaciones extraordinarias relacionadas con el libro que puedan interesar al medio en cuestión: alguna novedad, un evento, un éxito de ventas, tener proximidad geográfica con el medio, que haya personas famosas relacionadas, etc. La nota de prensa debe seguir la estructura tradicional de las noticias en prensa: cabecera, titular, entradilla, cuerpo del mensaje e información de contacto. También se aconseja enviar la nota a la dirección de un periodista dedicado al tema en cuestión, no al medio en general. Para conseguir ese email, fíjate en los nombres de quienes escriben en los periódicos sobre las materias que te interesan y encuentra la forma de hacerte con ellos: búscalos en Google, síguelos en Twitter, llama a las redacciones... échale morro e imaginación[2].

---

2   Peio Archanco. Ebook Hermanos. Cómo hacer una nota de prensa de un libro y salir en las noticias. Consultado el 01/04/2016. http://ebookhermanos.com/como-hacer-una-nota-de-prensa-de-un-libro/

Otras estrategias

Una vez que ya hemos peinado todo internet y hemos llamado a la puerta de tantos medios y revistas literarias como hemos encontrado, todavía nos quedan posibilidades de seguir moviendo nuestro libro. Como podrás comprobar, a poco que busquemos en varios lugares distintos, surgen oportunidades de colaboración y promoción que debemos aprovechar sí o también. Aunque esto te lleve demasiado tiempo y se sume a tu interminable lista de tareas pendientes, no dejes que la actividad de tu blog ni de tus redes sociales se vea detenida. Tampoco permitas que los nuevos proyectos entorpezcan la proyección de futuro de tu obra. Planifica, ve siempre por delante de lo que pueda ocurrir.

Y si te ocurre lo contrario, que te ves estancado, que las ventas se han detenido, o que sientes que ya has agotado todas las vías de acción, siempre queda un blog al que enviar el libro, una revista a la que contactar, una web en la que colaborar. No te des por vencido, al menos durante el primer año de la publicación de tu obra.

Una táctica para reflotar las ventas y lograr nueva visibilidad es acudir a la publicidad que nos ofrecen las redes sociales, más concretamente Facebook, Twitter y Goodreads. Las dos primeras sobresalen por la cantidad de tráfico que tienen y por la exactitud que pueden llegar a alcanzar con sus múltiples filtros (edad, sexo, lengua, país, intereses, grupos en los que están, cuentas que siguen, etc.). La tercera, Goodreads, es recomendable porque se trata del lugar donde acuden los lectores para hablar de libros. En cualquier caso, podemos realizar campañas de bajo presupuesto, por debajo de los 100€, con el objetivo de llevar a posibles lectores a la plataforma de venta. Es interesante comparar el gasto con las ganancias durante la campaña para valorar si el movimiento ha salido rentable. En el caso de que no sea así, no podemos darnos por vencidos y probaremos con otros parámetros o con otro momento. Piensa que el objetivo real es recuperar impulso, escalar posiciones en el ranking y así reavivar el fuego.

Otro lugar recomendable para nuestra campaña de promoción de pago es Google, aunque su manejo es bastante más complicado y requiere mayor conocimiento de SEO y palabras clave. En cualquier caso, una de las máximas de la publicidad exige realizar al mismo tiempo las campañas en todos los medios que hayamos elegido. Eso funciona mejor que probar primero en Facebook, luego en Twitter, luego en Goodreads, y finalmente en Google. Haz pruebas y no desesperes ante unos malos resultados; no te estás jugando millones.

Otra estrategia recomendable es contactar con gente influyente dentro de nuestro campo. Suelen ser personajes más o menos reconocidos, expertos que han aglutinado a una importante cantidad de seguidores y que, por lo tanto, tienen muchos ojos sobre ellos. Cuanta mayor relación tengan con la temática de nuestro libro, más importante serán para nosotros. Podemos enviarles un email o un mensaje privado en redes sociales, en los mismos términos que a cualquier otro blog literario, buscando que nos hagan una reseña o que nos mencionen de alguna manera. No hace falta repetir aquí lo importante que es no exigir ni resultar pesado. Sé educado y cordial.

Estas alianzas también son beneficiosas con otros usuarios que estén a nuestro mismo nivel, o incluso a uno inferior: que tengan muy pocos seguidores, o estén todavía empezando o en proceso de escribir su libro, por ejemplo. Podéis ayudaros colaborando en vuestros respectivos blogs. Eso sí, no hagas con la obra de otros la promoción directa que jamás harías con la tuya, ya que esto va en contra de todo lo que hemos estado construyendo hasta ahora. Rechaza educadamente las peticiones de promoción tipo spam de otros usuarios menos experimentados en comunicación. Hazles saber que es preferible leer esas obras y reseñarlas en tu propio espacio o en tu perfil de Facebook a anunciarlas porque sí. Sé cordial, pero también coherente con la imagen de autor y/o especialista serio que estás levantando.

Y como ya hemos comentado varias veces antes, no pares. Sigue escribiendo. Prepara próximos lanzamientos, no te demores en este aspecto, aprovecha el camino recorrido durante todo el proceso de la primera autopublicación. Ya verás que el segundo libro es más fácil en todo, que la experiencia te hace cometer menos errores, y que serás capaz de llegar a un público más extenso. Además de que tus lectores querrán leer lo siguiente que saques, estarás doblando las posibilidades de que nuevos compradores lleguen a ti. Por otro lado, contribuirá a reforzar tu imagen de autor serio; nadie podrá confundirte con un tipo que escribió una vez un libro porque se aburría.

También puedes optar por relatos cortos que puedes publicar en tu blog o en plataformas como Wattpad. Otra opción es probar con los concursos literarios para aquellas de tus obras que no hayan visto todavía la luz. Existen distintos directorios de estos premios por internet[3]. Consulta bien sus bases y lánzate.

Existen otros premios para obras que ya están en el mercado, aunque lo normal es que uno de los requisitos sea que hayan sido publicadas por una editorial tradicional. Como contrapunto a esta norma, el Premio Guillermo de Baskerville al mejor libro independiente del año, organizado por la web Libros Prohibidos[4], también acepta autoeditados en su sección oficial.

Por último, existe una web especializada en anunciar a sus usuarios qué libros a la venta online tienen un precio especial reducido o incluso gratis. Su nombre es Ebrolis[5]. Registrarse es gratis, así como dejar los datos de nuestro libro para cuando este se encuentre en alguna promoción.

4.3

Booktrailer

Como ya vimos en el apartado dedicado a YouTube y los videoblogs, el contenido audiovisual es mucho más fácil de promocionar que el escrito. Contar con un buen video promocional puede abrirnos muchas puertas. En este aspecto destacan los booktrailers.

Un booktrailer es, como su propio nombre indica, un trailer pa-

---

3   Escritores.org. Convocatorias de concursos literarios. Consultado el 04/04/2016. http://www.escritores.org/recursos-para-escritores/concursos-literarios

4   http://www.libros-prohibidos.com

5   http://www.ebrolis.com/librosrecomendadosparati

recido a aquellas piezas promocionales que se pueden ver en el cine, pero que versa sobre un libro. Esto no significa que se espere un trabajo tan conseguido y extenso como el de los trailers de cine, ya que suelen tener un presupuesto mucho más reducido. Su duración es, o debería ser, también inferior: como mucho 80 segundos.

Los booktrailers suelen ser una mezcla de textos, imágenes y sonido. El texto puede ser un fragmento de la obra, de la sinopsis, o uno creado explícitamente para la ocasión. Las imágenes deben pertenecernos, o al menos debemos tener derecho o permiso para usarlas. Es necesario asegurarse de esto, ya que si utilizamos imágenes con copyright o restricciones de autor podemos estar incurriendo en delito. Existen numerosos bancos de imágenes gratuitos en internet, como Flickr[6], y otros de pago, como Fotolia[7].

Con el sonido y/o música que queramos utilizar ocurre lo mismo que con las imágenes: hay que respetar los derechos de autor. Por suerte, también existen múltiples lugares gratuitos para encontrar lo que necesitamos como AudioMicro[8] o The Music Bakery[9].

En el booktrailer, al igual que ocurre con la sinopsis, debe hablarse de la obra, dando pinceladas que animen a leerla sin desvelar demasiado contenido argumental. No se trata de un resumen ni de una reseña. Debe impactar, o al menos ser fácil de recordar. Aunque se trate del trailer de un libro, debe rehuir de los clichés de los trailers de las películas y de frases publicitarias manidas como «el autor revelación», «la novela del año», etc. Debería ser, más que una versión distinta de la sinopsis, un complemento perfecto para esta.

En él se pueden agregar fragmentos de reseñas y comentarios elogiosos, a ser posible, junto al nombre del blog o de su autor, lo que le dará mayor verosimilitud que encargarnos nosotros mismos de resaltar las virtudes del libro.

Por supuesto, todo buen booktrailer debe contener, preferiblemente en el cierre, la portada y las plataformas donde se pueda adquirir. Si estamos usando este medio para promover un precio especial o alguna campaña, como la gratuita de KDP Select, también debería aparecer junto a la portada.

6   http://www.flickr.com
7   http://www.es.fotolia.com
8   http://www.audiomicro.com/royalty-free-music
9   http://www.musicbakery.com

Con respecto a la forma de realizar estos booktrailers, existe una amplia variedad de programas perfectamente adecuados y funcionales para su uso, como Movie Maker[10], Sony Vegas[11] o YouTube Editor[12].

En lo que a la realización de estos videos se refiere, encaramos un momento determinante muy similar al que ya llegamos cuando tomamos la decisión de qué hacer con las cubiertas de nuestro libro: ¿quién debe encargarse de realizar el booktrailer? Partimos del supuesto de que una buena portada es absolutamente necesaria para cualquier libro autopublicado y que tiene que estar realizada por un profesional. En el caso del booktrailer, no hay obligatoriedad de contar con uno. Dada su enorme capacidad de difusión, es más que recomendable tener, como mínimo, un booktrailer, pero también es cierto que no es 100% necesario. Por lo tanto, muchos podrán pensar que, ya que no hay urgencia de tener uno, puede realizarlo cualquiera usando los recursos gratuitos que la red ofrece. Esto es un error de bulto.

Si bien es cierto que un booktrailer bien hecho puede atraer a decenas de compradores potenciales, uno mal realizado puede servir de mofa y, por ello, tener el efecto contrario, sobre todo para tu reputación. De modo que, una vez más, si quieres que tu libro tenga un booktrailer, y salvo que te dediques a la edición en video —y que además tengas cierta experiencia—, deberías contratar a un profesional para que se encargue de ello.

Los booktrailer de calidad no son baratos. Su precio depende de la cantidad de creatividad que necesites incorporar, y de si quieres que aparezcan grabaciones realizadas ex profeso. Tendrías que consultarlo con el profesional encargado, pero no es recomendable contratar ninguno por debajo de los 150€.

10   http://www.windows.microsoft.com/es-es/windows/movie-maker
11   http://www.sonycreativesoftware.com/es/vegassoftware
12   http://www.youtube.com/create_channel?upsell=upload

4.4

Book Blog
Tour

Buscando nuevas formas de dar a conocer nuestro libro y de hacérselo llegar a blogs y webs especializados, desde Estados Unidos nos llegan los Book Blog Tours. El concepto está basado en los Book Tours que organizan las editoriales para promocionar libros, consistentes en la realización de una ruta en la que el escritor va viajando de ciudad en ciudad participando en presentaciones, firmas de libros, eventos, entrevistas, etc.

El Book Blog Tour también supone un viaje, pero en este caso es virtual. Se trata de una ruta de blog en blog, de espacio literario en espacio literario. Durante el periodo de tiempo que dure el Book Blog Tour, cada blog realiza una actividad dentro de una variedad propuesta por el autor: reseñas, entrevistas, sorteos, publicación del booktrailer u otra creatividad, menciones y otras formas de promoción.

Lo normal es organizar este evento antes de la publicación del libro, para tener tiempo para contactar con los blogueros, y que estos puedan leerse el libro y organizarse. También es normal ofrecerles a cambio algún regalo exclusivo (marcapáginas, tarjetas promocionales, pegatinas, etc.) o el propio libro en formato físico, aunque esto último no es lo más aconsejable para todos los bolsillos.

La cantidad de blogs participantes va a depender del interés que despierte el libro, pero para que sea exitoso debe tener un mínimo de 25, siendo 50 una cantidad óptima en un espacio de dos meses. Por supuesto, y como viene siendo normal, la forma de contactar con estos blogs va a ser la misma que cuando solicitemos una reseña normal. Sin embargo, es positivo mencionar la actividad del Book Blog Tour, ya que esta lleva aparejada mayor visibilidad y posibles regalos por parte del autor, además de ser una actividad divertida e interactiva.

Lo más aconsejable es que cada blog realice su parte dentro del tour en un día en concreto, evitando que queden días vacíos o que por contra haya aglomeraciones de publicaciones en fechas concretas.

Para controlar esto, existe una herramienta de organización de horarios y planificación de eventos llamada Doodle[13], donde los participantes pueden anunciar cuándo van a postear lo suyo.

Finalmente, sería muy positivo recordar a los participantes la importancia de realizar un comentario en Amazon y/o Goodreads, mencionando que se ha participado en el Book Blog Tour.

4.5

En resumen

Todos los consejos que te hemos dado en los dos últimos capítulos dedicados a autor y obra rechazan de plano la promoción entendida como poner anuncios no profesionales en las redes. La idea es potenciar nuestra imagen de escritor serio y profesional, crear una reputación sólida y fiable que lleve a los posibles lectores a interesarse por lo que tengamos que decir o escribir. Recuerda siempre que el valor de nuestras acciones es nuestra mejor arma de promoción. Como ejemplo de ello podemos poner este mismo manual. En él no hemos hecho ni una sola referencia a Autorquía como empresa de servicios editoriales susceptible de ser contratada por cualquier escritor independiente. Sin embargo, una vez llegados a este punto, ¿confiarías en nosotros?

Para finalizar, siempre puedes contactar con profesionales del marketing editorial online para que realicen una planificación de promoción a nivel de autor y de obra. Su precio dependerá del grado de implicación que tengas como autor, ya que no vale lo mismo si tú te ocupas del mantenimiento diario de tus redes que si lo hace un profesional por ti. Busca presupuestos a tu medida que contengan servicios flexibles, tanto en duración como en intensidad, y que se acomoden a tu propio ritmo de vida. Desconfía de presupuestos preestablecidos, ya que cada escritor presenta un caso único.

13   http://www.doodle.com/es

4. LA OBRA

5.

Planificación

— — — — —

5. PLANIFICACIÓN

Ahora que ya tenemos todos los ingredientes necesarios para autoeditar y autopublicar nuestra obra, y puesto que sabemos ya qué decir, cómo, cuándo y dónde, debemos sentarnos a realizar la planificación. Necesitaremos para ello un calendario o agenda, papel, bolígrafo, café y, sobre todo, paciencia.

Piensa muy bien todos los pasos que debes dar, los plazos que debes cumplir, y la posibilidad de conciliar todo ello con tu vida normal y las otras actividades que lleves a cabo. Tres consejos previos: el primero es que no te autoimpongas objetivos demasiado complicados de conseguir. Esto solo te va a traer quebraderos de cabeza y frustración. El segundo consejo es que recuerdes que va a haber sucesos imposibles de prever, por lo que debes planificar siempre dejando tiempo y espacio para reaccionar ante los posibles inconvenientes. Tercer y último aviso: pese a lo último que hemos dicho, procura no dejar nada a la improvisación.

PRIMERA FASE:
75-90 días
antes de la publicación

El día que hayamos terminado de repasar por última vez la novela empieza la cuenta atrás. Si deseamos publicar lo antes posible, debemos contar con que podremos hacerlo, si todo va bien, dentro de unos tres meses o, como poco, de dos y medio. Ese mismo día debemos enviar el texto al revisor para la conveniente corrección de estilo, que debe incluir siempre una corrección ortotipográfica. La duración de la misma variará dependiendo de la extensión y complejidad del manuscrito, pero, contando con revisiones posteriores del texto, deberíamos tener la versión definitiva en un mes o mes y medio. También es el momento de llevarlo al registro.

Si tenemos claro el título y la idea general, también debemos ir contactando desde este momento con el diseñador de la portada y las cubiertas. Entre bocetos y pruebas, debería estar acabado todo esto antes de un mes.

Otro trabajo a realizar desde el primer día es la creación del blog de autor y de los perfiles pertinentes en redes sociales, en caso de que todavía no existan. Actualiza la información e interconecta las redes con el blog. Empieza ya a moverte por los espacios especializados en tu materia (blogs, revistas, grupos en redes sociales, etc.) para ir agregando contactos y engordar tu lista de amigos y seguidores. De momento, ni una palabra del libro, por lo menos públicamente.

Localiza a personas influyentes en tu campo que te puedan ayudar. Busca la forma más educada y práctica de abordarles. Trata de dar con personas que puedan servir de intermediarios entre vosotros y que se encarguen, en la medida de lo posible, de hacer las presentaciones. Del mismo modo, ofrécete a colaborar en medios afines a tu temática.

Planifica la secuencia de actividad de tu blog para los próximos meses. Si tienes claro de qué vas a hablar, te será más fácil encontrar temas más adelante cuando no tengas tiempo.

Contacta también con alguna asociación de escritores y explícales tu caso. Así obtendrás recursos y consejos, además de que te servirá para aumentar tu comunidad.

Prepara la sinopsis de tu obra. Haz pruebas, muéstraselas a gente de tu confianza y quédate con la que más te convenza. Recuerda que tiene que servir para atraer al lector.

Ve buscando blogs que suelan reseñar autopublicados, sobre todo aquellos más especializados en la temática de tu libro. No les contactes todavía formalmente, limítate a hacer una lista. Intenta agregar cada día, al menos, a 5 blogs distintos. Cuantos más tengas, mejor, ya que no todos te van a dar una respuesta afirmativa. Si tienes pensado hacer un Book Blog Tour, es también el momento de planificarlo.

SEGUNDA FASE:
30 días antes
de la publicación

Ya debes tener el texto definitivo corregido, la mejor sinopsis posible y una portada que te encante —todavía no es obligatorio tener el lomo y la contraportada, ya que vamos a empezar publicando solo en formato e-book—. Procede a maquetar el libro en formato electrónico. Si tenemos pensado hacer un booktrailer, ha llegado la hora de ponernos manos a la obra con él. Lo ideal sería tenerlo para los últimos días de la preventa, aunque también puede funcionar como segunda oleada una vez que ya hemos publicado y la venta está en marcha.

Pon la obra en preventa con fecha de publicación para dentro de 30 días, 24 como muy poco. Haz que la fecha de publicación sea justo antes del fin de semana, y mejor a principios que a finales de mes. Recuerda que, en caso de no tener todavía el texto maquetado y listo, tendrás que tenerlo 10 días antes de la fecha de publicación. Anuncia la fecha de la preventa en tus redes sin bombardear, de forma escalonada. Escribe una entrada en tu blog tratando siempre de no sonar publicitario.

Comienza a pedir reseñas a los blogs y webs especializados. Que la llegada de esta fase no te haga dejar de agregar nuevos blogs. Recuerda, cuantos más mejor. Es el momento de dar a conocer el Book Blog Tour. Asegúrate de mostrarlo atractivo y de que los posibles participantes sepan todos los detalles.

Contacta en privado con tus amigos y familiares más cercanos. Ponles al corriente de la publicación y el precio especial de preventa. Asegura las primeras ventas y los primeros comentarios positivos. Trata de espaciar estas ventas en el tiempo, ya que el libro entrará en los rankings desde las primeras 24 horas en que lo colguemos en Amazon. Si consigues que estas ventas seguras vayan llegando a lo largo de todo el periodo de preventa, asegurarás tu presencia en los primeros puestos durante más tiempo y conseguirás estrenarte por todo lo alto. Amplía el cerco a aquellas personas con las que tengas suficiente confianza. Sé cordial y amigable; no dejes que las ganas te hagan parecer ansioso.

Actualiza toda la información sobre tu obra en tu blog. Crea la página de autor de Amazon y rellena todas sus secciones. Cerciórate de mantener también actualizados tus perfiles respectivos en redes sociales.

Haz una búsqueda de libros similares al tuyo por temática, público, extensión, género, etc., y compara sus precios. Debes encontrar uno acorde para el tuyo, preferiblemente dentro de los parámetros que permiten cobrar el 70% de regalías. Ten en cuenta también la futura promoción «Kindle Countdown Deals», lo que significa que vas a necesitar holgura de precios para poder jugar con los descuentos.

TERCERA FASE:
Publicación

Llegado el momento, anuncia la publicación en tu blog y redes. Asegúrate de publicar posts simples donde se vean claramente la portada, la sinopsis, el enlace a Amazon y el precio especial de lanzamiento, que durará solo unos pocos días. Sube el precio de la obra un poco, suficiente como para sea superior al de la preventa, pero todavía inferior al definitivo.

Anuncia el cambio de precio. Asegúrate de que quede claro que no es el precio definitivo y que volverá a subir en unos días.

Las redes sociales literarias que todavía no hayan incluido nuestro libro en sus respectivas bibliotecas deben ser actualizadas. Nuestra obra tiene que estar ya en todas partes.

No dejes de agregar nuevos blogs y revistas literarias a tu lista. Sigue contactándoles; nunca son suficientes.

Haz capturas de pantalla con tu libro en los primeros puestos del ranking y úsalas para nuevos posts en redes sociales. Recuerda, una única publicación sobre tu libro por red y por semana. También puedes valerte de estas capturas de pantalla como dato de presentación a las personas influyentes o a nuevos blogs. Eso sí, no te pavonees; sé siempre humilde y discreto.

Pide comentarios a tus contactos más cercanos que hayan comprado el libro. Recuerda que los comentarios mejor valorados son aquellos en los que aparece el membrete «compra verificada». Pídeles que no se demoren y que sean generosos con las 5 estrellas.

Da voz a los primeros comentarios que recibas. Actualiza la información de tu libro en Amazon cada vez que recibas un comentario o reseña fuera de la plataforma. Incluye también los datos de la primera semana de venta; presume de libro en este espacio.

CUARTA FASE:
30 días siguientes
a la publicación

Una vez que haya pasado el periodo de la oferta especial de lanzamiento, pon el precio normal.

Mantén activo tu blog con una o dos publicaciones a la semana. No dejes de actualizar todos los apartados referentes a tu obra con la nueva información relativa a la misma que vaya llegando. Usa con pericia tus redes sociales. Asegúrate ahora más que nunca de hablar ante todo del tema en concreto que hayas elegido para mostrarte como experto. Mantén la sangre fría pese a que te mueras por gritar sobre tu nuevo libro.

Comparte las reseñas que vayas recibiendo según lleguen, así como los comentarios más destacados. Sé agradecido. Sigue buscando blogs y enviando la obra. Pero sigue siendo selectivo, ya que lo que más te interesa es que el público objetivo de esos blogs sea susceptible de comprar tu libro.

No cejes en tu empeño de contactar con personas/cuentas influyentes ni con medios en los que poder colaborar y ganar visibilidad como autor. Asegúrate, en caso de que te mencionen, de que incluyan enlaces y que estos funcionen correctamente.

Antes de que termine este primer mes, realiza la primera campaña de promoción de KDP Select «Promoción libro gratuito» de tres días. Recuerda: domingo, lunes y martes. Ocúpate de que se sepa que está en marcha la promoción, como siempre, sin bombardear.

Debes estar siempre atento a las estadísticas de venta de Amazon y a los rankings. Si escalas posiciones, no dejes de tomar capturas de pantalla.

Asegúrate de que todos tus conocidos, o al menos todos aquellos con los que más confianza tienes, ya se hayan descargado el libro. Encárgate de que este contacto se realice siempre de forma privada u offline.

QUINTA FASE:
60-90 días después
de la publicación

Si todavía no llegaron, las primeras reseñas tienen que ir apareciendo ahora. Compártelas destacando las partes más positivas. Actualiza tu blog y la información en la plataforma de venta.

Que esta actividad frenética no te detenga, pues es muy posible que todavía haya blogs de gran interés a los que todavía no has contactado. Mira en las reseñas que te hagan, busca entre las personas que dejen comentarios, ya que ahí podrás encontrar autores de blogs que a lo mejor no conocías.

No esperes mucho más para lanzar el libro en papel. Recuerda que esto te va a dar más visibilidad, además de nuevos motivos para refrescar las redes sociales.

Con el paso de los meses la actividad tiende a volverse más repetitiva y las noticias empiezan a surgir menos a menudo que en las semanas precedentes y siguientes al lanzamiento. Que esto no te pare. Ahora más que nunca tu blog y redes sociales deben estar funcionando al 100%, aunque apenas mencionen tu libro.

Toma como costumbre mirar las estadísticas de tu blog, redes y ventas en Amazon. No pierdas los nervios si notas parones, ya que hay ciclos. Si está empezando el tercer mes, notas un descenso en las ventas y no hay ningún evento a la vista que pueda volver a darte protagonismo, ha llegado la hora de jugar la carta de la promoción de KDP Select «Kindle Countdown Deals».

A finales del segundo mes o comienzos del tercero, dependiendo de cómo evolucionen las ventas —y con cuidado de no chocar con la promoción «Kindle Countdown Deals»—, podemos lanzar la segunda campaña «Promoción libro gratuito», de dos días esta vez —domingo y lunes—. Avisa de ello, no hace falta decir dónde y cómo.

Haz cuentas antes de que llegue el final del tercer mes. Si crees que merece la pena seguir en KDP Select para aprovechar el impulso que vendría con nuevas promociones, no lo dudes y sigue adelante. Si crees que las ventas han bajado demasiado y que las promociones no van a bastar para reflotarlas, ve pensando en darte de baja de este servicio para ir empezando a abrir nuevos caminos en Smashwords. Ten lista la maquetación de tu libro en «.epub».

SEXTA FASE:
Siguientes meses

Es vital que, si hemos decidido no seguir dándole la exclusividad a Amazon, nos demos de alta inmediatamente en otras plataformas. No puede pasar ni un día. Véndelo como una oportunidad que debe ser aprovechada para todos aquellos cuyos e-readers no lean en formato «.mobi».

La actividad de los blogs debe ser ahora más importante que nunca. Recuerda no relajarte y seguir investigando formas de mover tu obra por estos lugares. No importa si tu sinopsis y booktrailer están en muchos sitios, o si has repetido varias veces lo mismo en varias entrevistas. Tú sigue con la promoción.

Sigue planificando con antelación tus publicaciones, especialmente las de tu blog. Tampoco permitas que tus redes sociales se paren. Es normal una leve caída de la actividad, pero eso nunca justifica el abandono. Recuerda que es tu imagen personal la que estás poniendo en juego aquí.

A estas alturas debes tener muchos más contactos que los que tenías al principio, y lo más probable es que hayas conocido a gran cantidad de personas en tu misma situación o parecida. Estrecha lazos, colabora con ellos, proponles actividades conjuntas o, por qué no, escribir algo a cuatro manos. Si has hecho suficiente ruido, las oportunidades irán llegando y las puertas se abrirán más fácilmente.

Si crees que las ventas podrían ser mayores, o si notas un estancamiento, puede que sea el momento de recurrir a los anuncios de pago en redes sociales y/o Google.

Si, por el contrario, crees que los resultados son muy positivos, no te conformes. Busca siempre la forma de mejorar las ventas, de llegar a más gente. Esta actitud te ayudará a evitar, o al menos a minimizar, los malos momentos. Que vendrán.

Ve pensando en acompañar tu libro con una segunda obra, pero, aunque necesites tiempo para escribir, no abandones a tu comunidad. Aprovecha los hábitos adquiridos durante estos meses frenéticos de preparación y venta para seguir manteniendo la actividad.

5. PLANIFICACIÓN

6.

Crowdfunding como medio para financiar nuestra obra

— — — — —

Aparte de una planificación en el tiempo, es necesario realizar también una planificación económica. Como ya hemos comentado, prácticamente todos los servicios necesarios pueden ser contratados con profesionales, pero solo unos pocos son absolutamente imprescindibles, fundamentalmente la corrección y el diseño de la portada. Si, tras haber realizado varias pruebas, la maquetación no funciona, su realización por un profesional también se convertiría en algo obligatorio.

Si queremos tener un trabajo de calidad que nos ayude a destacar, vamos a necesitar, de base, entre 400 y 500€, dependiendo siempre de la extensión de la obra, ya que los libros con mayor número de páginas son más caros de corregir y maquetar. Y eso sin contar con servicios de gran utilidad promocional como un booktrailer u otras creatividades, por no hablar de otros servicios profesionales que sirven para sobresalir como el diseño web, la identidad de marca personal, la promoción de pago, la distribución del libro físico a librerías, o el community management, por ejemplo.

En realidad, lanzar un libro a la venta puede ser visto como un proyecto de enorme complejidad donde tiene cabida todo el dinero que queramos gastar. Es bastante común que un autor independiente no tenga suficiente presupuesto para afrontar los gastos de todos los servicios que desearía para el proyecto editorial de su libro. Por suerte, internet nos brinda la opción del micromecenazgo, también conocido como crowdfunding.

El crowdfunding es una fórmula de financiación por la cual proyectos más o menos costosos pueden salir adelante gracias a pequeñas aportaciones de personas interesadas en ellos. A cambio de la ayuda, los mecenas reciben una recompensa, que, en el caso del mundo de la literatura, suele ser un ejemplar firmado.

Su uso se ha estado extendiendo en los últimos años, convirtiéndose en una posibilidad de financiación cada vez más asentada, aunque no siempre vaya asociada al éxito. A continuación, te damos algunas claves para triunfar con tu crowdfunding.

6.1

Plataformas

En la actualidad existe una gran cantidad de plataformas que sirven para llevar a cabo estas campañas de micromecenazgo. Las hay de todo tipo, desde las dedicadas a proyectos generales, hasta las más especializadas en creación cultural. A continuación, ofrecemos una lista de webs en castellano recomendables para campañas literarias:

» Ulule[1]: plataforma enfocada en proyectos creativos, solidarios e innovadores. Destaca por su completo asesoramiento y por realizar campañas de hasta 90 días.
» Verkami[2]: especializada en proyectos creativos. También cuentan con asesoramiento y con campañas de hasta 40 días.
» Pentian[3]: especializada en libros. Las recompensas para los mecenas son una parte de los royalties generados por la obra una vez publicada.
» Goteo[4]: plataforma sin ánimo de lucro centrada en iniciativas ciudadanas, proyectos sociales, culturales, tecnológicos y educativos.
» Patreon[5]: aquí no se financian proyectos concretos, sino la actividad del artista. Es la única que solo está en inglés.

Es recomendable estudiarlas una por una y quedarnos con aquella que mejores condiciones nos dé. El servicio más conveniente para un autor es aquel que viene con asesoramiento personalizado, o al menos especializado en libros, ya que no todos los proyectos son iguales ni tienen los mismos requerimientos.

1   http://www.ulule.com
2   http://www.verkami.com
3   http://www.pentian.com
4   http://www.goteo.org
5   http://www.patreon.com

6.2

Las campañas

Gabriella Campbell, en uno de sus enormes y bien documentados artículos, analiza mediante el uso de testimonios los pros y los contras de esta práctica de financiación de masas. Las dos conclusiones a las que llega son que a) es necesario ofrecer un producto muy atractivo y b) probablemente no sea la solución definitiva para el autor autopublicado[6]. No obstante, alcanzar el objetivo impuesto en una campaña de micromecenazgo puede convertirse en el hecho que haga que nuestro libro marque la diferencia; buena parte del trabajo de promoción ya estará hecho y, además, en el proceso habremos construido una comunidad.

Si partimos desde cero, como suele ser lo normal en autores autopublicados, y nos vemos con ánimo para lanzarnos en una carrera frenética de un mes de duración, creemos que merece la pena probar.

6.2.1

Un ejemplo
de campaña

Dentro de las primeras preguntas que nos debemos hacer, la fundamental es: ¿cuánto dinero vamos a necesitar? Hay que consultar los precios exactos de los servicios que pretendemos contratar, incluyendo los impuestos. Vamos a poner un caso supuesto de una novela histórica ambientada en el Madrid del Siglo de Oro. Supongamos que tiene

6   Gabriella Literaria. ¿Funciona el Crowdfunding para escritores? (incluye testimonios). Consultado el 05/04/2016. http://www.gabriellaliteraria.com/crowdfunding-para-escritores/

80.000 palabras contenidas en unas 300 páginas. El precio que nos han propuesto para la corrección de estilo es de 0,006€ por palabra, por lo que se quedaría en 480€, IVA incluido. A esto habría que sumarle el diseño de cubiertas, que el diseñador nos ha dejado en 220€, lo que nos deja un primer parcial de 700€. Por el precio del diseño de las cubiertas, hemos conseguido que el ilustrador nos incluya el diseño de un marcapáginas y una postal, que también usaremos. También le hemos pedido permiso para poder utilizar la imagen de la portada, que nos gusta mucho y es visualmente impactante, para realizar otras creatividades y ofrecerlas como recompensa en la campaña de crowdfunding. No suele haber problema en este aspecto, ya que al artista le interesa que su trabajo tenga cuanta mayor visibilidad, mejor.

Aprovechando la coyuntura, nos gustaría añadir en el presupuesto un booktrailer promocional del libro por 250€, lo que sube la cantidad a 950€. Este todavía no sería el precio final, ya que habría que contar con las recompensas que vamos a ofrecer a las personas que compren nuestro libro. Por ello tendríamos que acudir a una imprenta y presupuestar un número de ejemplares en papel. El tema de la imprenta funciona de la siguiente manera: cuantos más ejemplares encarguemos, más económica nos saldrá la relación copia/precio. Después de hacer cálculos, valorar calidades y revisar unas cuantas distintas, decidimos apostar por una imprenta que nos deja 100 ejemplares con 100 marcapáginas y 100 tarjetas postales por 1050€, impuestos y gastos de envío a nuestro domicilio incluidos.

Una cosa más, debemos informarnos también del precio de imprimir pósters de la portada. El precio de cada póster tamaño 50 x 76 cm es de 10€, pero en esta ocasión no lo vamos a incluir en el presupuesto ya que, como veremos, no va a hacer falta.

Sumando lo que llevamos, necesitamos 2000€, pero todavía no queda ahí la cosa, ya que hay que agregar la parte que la plataforma se lleva en concepto de comisión bancaria y comisión por uso de su sistema, que suele estar alrededor de un 10% del total. Esto nos arroja que la cantidad total de dinero necesario para conseguir con éxito nuestro crowdfunding sería de 2200€. ¿Fácil? ¿Difícil? Va a depender de nosotros y de nuestra capacidad de promoción en lo que dure la campaña.

Como ya hemos visto, necesitamos un producto atractivo para atraer a los posibles mecenas. Nuestro libro corregido y en papel lo es, pero debemos ir un poco más allá para hacerlo todavía más apetecible. Es aquí donde entran en juego las recompensas. Las recompensas son regalos o servicios que los mecenas recibirán por aportar dinero a la campaña si finalmente conseguimos llegar al objetivo que nos hemos impuesto en el tiempo acordado. Obviamente, cuanto más atractiva sea la recompensa, mayor cantidad podremos pedir por ella. No hace falta decir que ofrecer recompensas que llamen la atención y merezcan la pena es la llave que abre la puerta del éxito en las campañas de crowdfunding.

Para la nuestra, hemos decidido crear los siguientes packs, de menor a mayor coste:

» 5€: introducir el nombre del mecenas en las páginas de agradecimiento al final del libro. Es la recompensa básica que se va a incluir en todas las demás.

» 9€: libro en formato electrónico + nombre en las páginas de agradecimiento.

» 18€: libro en papel firmado y dedicado.

» 25€: libro en papel firmado y dedicado + libro en formato electrónico + marcapáginas exclusivo dedicado.

» 30€: libro en papel firmado y dedicado + libro en formato electrónico + marcapáginas exclusivo dedicado + postal exclusiva dedicada.

» 45€: libro en papel firmado y dedicado + libro en formato electrónico + marcapáginas exclusivo dedicado + postal exclusiva dedicada + póster exclusivo.

» Hasta aquí llegarían las recompensas físicas, esto es, aquellas que podemos entregar «en mano». Sin embargo, no debe significar el fin de las recompensas, sino, más bien, el principio. Es el momento de ser creativos y ofrecer cosas que solo están a nuestro alcance.

» 120€: ponerle el nombre del mecenas a uno de los personajes secundarios del libro + libro en papel firmado y dedicado + libro en formato electrónico + marcapáginas exclusivo dedicado + postal exclusiva dedicada + póster exclusivo. Solo vamos a poner 5 de estas recompensas disponibles.

» 200€: ponerle el nombre del mecenas a uno de los personajes principales del libro + libro en papel firmado y dedicado y todo lo demás. En este caso, vamos a ofrecer 3.

» 300€: ruta histórico-gastronómica guiada por el autor para un grupo de entre 2 y 5 personas por el Madrid de los Austrias y Barrio de las letras. Incluye una copia del libro en papel firmada y dedicada para cada uno de los participantes de la ruta. Este evento solo podrá realizarse 3 veces.

» 400€: ponerle el nombre del mecenas al malo del libro + libro en papel firmado y dedicado y todo lo demás. Una única oportunidad de conseguirlo.

Con estas recompensas tan llamativas, y si somos suficientemente hábiles a la hora de la promoción, tendremos oportunidades, no solo de conseguir el objetivo, sino de sobrepasarlo, lo que nos dará suficiente para pagar otros gastos no presupuestados como los pósters, los impuestos y los envíos por correo. Hemos decidido dejar la parte postal aparte porque, para empezar, no todos los libros que entreguemos tienen que ser enviados por correo. Muchos van a ser para familiares y amigos, y su coste será, por lo tanto, cero. Los que sí tengamos que enviar, por cierto, habremos de hacerlo por correo certificado, aunque cueste un poco más, pues así evitaremos problemas por posibles pérdidas.

Por otro lado, no hemos incluido en nuestro presupuesto el coste de los pósters, ya que se trata de un gasto más irregular y que no entraría dentro de la factura de la imprenta de los libros. Como el cálculo de su precio también va a depender del número de ejemplares que necesitemos, lo mejor es dejarlo para el final.

Como parece claro, lo ideal no es solo ofrecer libros impresos, sino otro tipo de servicios únicos que aportan un buen porcentaje de dinero, y que, a cambio, apenas supongan un coste económico para el autor. Hemos optado por los nombres de los personajes, cosa que da mucho juego —y en principio no nos importa demasiado—, y también por la ruta histórica, evento que estamos perfectamente capacitados para realizar, ya que nuestra hipotética novela tiene lugar en ese mismo lugar, solo que cuatro siglos antes. Eso sí, habremos de ofrecer una ruta que merezca el dinero invertido, por ejemplo, contando anécdotas del libro que trascurran en esas mismas calles.

6.2.2

Estrategias

Una consideración a tener muy en cuenta es la de adelantar parte del dinero que pensamos conseguir en la campaña para hacerla más vistosa. Por ejemplo, si encargamos de entrada el diseño de las cubiertas, además de que tendremos una imagen oficial, lo que nos hace más fáciles de recordar, podremos mostrar cómo será el libro que recibirán los mecenas. Y como damos por hecho que el diseño va a ser llamativo, pues no se puede esperar otra cosa de una buena portada, estaremos en posición de atraer a un mayor número de curiosos.

Ocurre lo mismo con el booktrailer. En este aspecto, podemos realizar un único video promocional para la obra y usarlo también para el crowdfunding, o podemos realizar uno en exclusiva para la promoción de la campaña de micromecenazgo, y más adelante realizar el booktrailer oficial del libro propiamente dicho. Sea cual sea nuestra elección, el tema del video es más importante de lo que pudiera parecer, ya que se estima que las campañas con apoyo audiovisual obtienen un 20% más de aportaciones.

Por lo tanto, adelantar algo de dinero es un riesgo que merece la pena correr. Recuerda que, si la campaña funciona bien, no es complicado obtener más de lo que necesitas, tanto dinero como ejemplares de tu obra, que luego podrás vender por tu cuenta o utilizar para lo que quieras. Así podrías, por ejemplo, pagar un video promocional que, de entrada, no estuviera presupuestado.

Una forma de hacer más atractivos los packs de recompensas, es ponerles nombres sugerentes, que llamen la atención. Por ejemplo, el pack que incluye nombrar al malo podría llamarse «pack eres malo y lo sabes» o «pack ser malo es sexy». Eso sí, recuerda dejar muy claro todo lo que incluye cada uno y su precio correspondiente.

Busca los packs y precios que mejor vengan a tu propia obra. No todas son iguales ni tienen el mismo público. Aprovecha esto para hacer guiños a las personas que sabes que pueden estar interesadas. Por ejemplo, no pongas nombres de packs relacionados con música de los 70 si tu público objetivo es menor de treinta años.

Las recompensas más escogidas son aquellas cuyo precio está entre 10 y 30€. Asegúrate de tener un buen número de recompensas en esa franja. En relación cantidad/precio, las que tienen más impacto son las que rondan los 50€, dato que también tienes que aprovechar para colocar ofertas interesantes que estén en ese número.

También funcionan muy bien las recompensas limitadas. Ese carácter finito les dota de un aura de exclusividad que muchos apreciarán. Potencia la promoción de las mismas. Resáltalas.

Con respecto a la duración, las campañas cortas tienen mayor éxito, ya que el «efecto emergencia» hace que el impacto de la comunicación sea mayor. También es más fácil de conseguir el llamado «efecto bola de nieve», que consiste en arrastrar a un mayor número de personas en un periodo reducido de tiempo.

Muchas plataformas ofrecen la posibilidad de postear noticias de la campaña, novedades y ofertas especiales que puedan surgir a lo largo del periodo de apoyo. Se trata de una especie de blog interno y es una opción muy interesante para comunicarnos con los posibles mecenas. Los mejores días para publicar en este blog son los comprendidos entre martes y viernes.

Por cierto, los jueves y los viernes son los mejores días para acabar la campaña. Por supuesto, mejor si es a principios de mes (cuando todo el mundo ha cobrado).

El título de nuestra campaña es otro elemento que, por su importancia, debemos cuidar. Tiene que ser corto, simple, claro, fácil de recordar y que incluya el nombre del proyecto. No debe parecer que se pide limosna, ni usar términos como «fondos», «ayuda», «apoyo», «favor» y otros sinónimos. En todo caso, y de necesitar alguna, estamos buscando palabras clave más positivas y activas como «colaboración» y «cooperación».

Para ir finalizando, no descuides ningún detalle. Incluso algo que en principio pueda parecer tan nimio como la URL de la campaña también es importante. Asegúrate de que sea corta y comprensible para que el enlace resulte fácil de compartir. De este modo también será más fácil de identificar y recordar.

Una cosa más, en muchas campañas ocurre que, a falta de un día, queda un porcentaje muy bajo para conseguir el objetivo. Es posible que se trate de una cantidad considerable, pero que en el global del proyecto no suponga más que una nimiedad. En este momento debes considerar si merece la pena poner tú mismo esa cantidad de tu propio bolsillo, ya que, de otro modo, todo lo que has conseguido recaudar hasta el momento se puede perder. Valora pros y contras, pero no te lo pienses demasiado, que solo te faltan unas horas.

Para amortiguar los posibles inconvenientes de una situación así, lo ideal es que guardes un fondo de emergencia desde el principio. Solo lo utilizarías en casos como el supuesto, aunque también puedes usarlo como estrategia de promoción, para incrementar la recaudación en algún momento en que la campaña se quede frenada. Piensa que pagar una cantidad de tu propio bolsillo sería un mal menor en comparación con perder la recompensa final.

6.2.3

Promoción
de la campaña

La promoción de una campaña de crowdfunding es básicamente la misma que el proceso ya visto de vender un libro, salvo por la diferencia de que con el crowdfunding hay un plazo muy limitado: entre 30 y 40 días. Este carácter urgente nos obliga a postear mayor cantidad de información referente al proyecto en un menor espacio de tiempo. Así sí está justificada la promoción estilo anuncio, pero tampoco nos da derecho a pasarnos.

Yendo por orden, debemos empezar a planificar la promoción de la campaña con más de un mes de antelación y así ir preparando a nuestros contactos más cercanos, esto es, las aportaciones seguras que, como ya vimos, van a ser la base sobre la que asentar nuestro proyecto. Muchas plataformas permiten anunciar la campaña antes de que esta comience, permitiendo a los primeros interesados apuntarse a ella y seguir su evolución. A veces, hay una pequeña pero interesante bonificación extra para estos primeros interesados.

También antes de que empiece la carrera por conseguir la financiación, hay que planificar muy bien los pasos de promoción a seguir.

Siguiendo un esquema en círculos, estos serían tres:

El primero, por supuesto, es la familia y los amigos más cercanos. También la gente que conocemos de primera mano y que sabemos que podría estar interesada, ya sea por simpatía o porque realmente les interesa nuestra actividad. Lo mejor es trabajar al máximo este círculo para obtener así, por lo menos, una cantidad cercana al 20% del total que necesitamos.

El siguiente círculo es nuestra comunidad, aquellas personas que nos conocen a través de terceros o gracias a nuestra actividad en redes sociales. Son usuarios que, en su mayoría, apenas han tenido contacto directo con nosotros pero que serían susceptibles de colaborar. Para poder presentarles un proyecto atractivo a los miembros de este círculo, debemos contar con una campaña que ya haya echado a rodar, de ahí la importancia de asegurar ese 20% básico del principio. Una campaña que ha sido capaz de conseguir bastante apoyo indica que se trata de una apuesta fiable y posible.

Finalmente, si hemos dado los pasos adecuados con nuestra comunidad, estaremos capacitados para ampliar nuestra campaña hasta el tercer círculo: el resto del mundo. Esto no significa que lleguemos a todos los rincones de internet, pero sí implica hacernos accesibles a cualquier persona interesada aunque no nos conozca de nada. Por desgracia, no tenemos posibilidad de controlar nuestra llegada a este círculo. Nuestro salto a las personas que no conocemos va a depender de nuestro buen hacer en la promoción y nuestro acierto a la hora de construir la campaña: ofreciendo un producto atractivo y recompensas sugerentes. Es en estos momentos donde más vas a necesitar la ayuda de videos promocionales.

Como decíamos, el carácter de inmediatez de la campaña nos va a dar «derecho» a ponernos un poco más pesados de la cuenta en nuestras redes sociales, pero recuerda que esto es siempre en aras de lograr un objetivo muy concreto. Lo mejor para nosotros como autores es mantener siempre intacta nuestra imagen profesional y nuestra reputación. No sacrifiques tu posición por un puñado de euros. A la larga lo agradecerás.

Con esto venimos también a recordar que nunca debemos exigir. El proceso de la campaña puede resultar intenso y estresante, pero eso no nos da derecho a reclamar nada de nadie, por muy cercanos que estén a nosotros. Entiende también que, pese a que en ese mes para ti no hay nada tan importante como el éxito de tu proyecto, la mayor parte de la gente sigue viviendo sus vidas y tiene sus propias preocupaciones. Sé consecuente y no desesperes.

Por otra parte, ve siempre el lado positivo. La búsqueda de posibles mecenas te va a obligar a exprimirte al máximo y a dar lo mejor de ti, lo que te va a ayudar a conocer personas, grupos, páginas, asociaciones, incluso géneros literarios que desconocías. No desaproveches la oportunidad de ampliar tus redes. Además, por regla general, los autores que tienen la experiencia de una campaña de crowdfunding a sus espaldas, haya resultado exitosa o no, luego saben moverse mejor a la hora de promocionar sus obras. Sus comunidades también están mejor estructuradas, son más solidas y tienen más interacciones.

6.2.4

Resumen de nuestra campaña

Tras 30 intensos días de promoción, nervios, algo de suspense, muchísimo esfuerzo y alegría, llegamos al final de la campaña con una gran noticia: hemos conseguido el objetivo y nuestra novela histórica tendrá presupuesto para su correcta edición, además de sufragar los gastos que ya adelantamos como las cubiertas, el booktrailer y el video promocional del crowdfunding. Pero hay más, ya que no solamente hemos alcanzado el objetivo, sino que lo hemos rebasado en 459€, o lo que es lo mismo, hemos conseguido un total de 2659€. Es para estar contentos.

Los números finales son los siguientes:

» 7 personas han aportado 5€ para que aparezca su nombre en la página de agradecimientos: 35€
» 8 han querido el libro en formato e-book: 81€
» 21 donantes optaron por solo el libro firmado: 378€
» 9 aportaron para llevarse el libro con marcapáginas: 225€
» 15 quisieron también la postal: 450€
» 10 fueron a por toda la papelería: libro, marcapáginas, postal y póster: 450€
» 2 donantes quisieron aportar sus nombres a 2 personajes secundarios: 240€
» Uno quiso nombrar a uno de los protagonistas: 200€
» La ruta se repitió en dos ocasiones con asistencia de 5 personas en cada una: 600€
» Aunque muchos se lo pensaron, nadie quiso prestar su nombre al malo.

Es el momento de hacer nuevos cálculos. La plataforma se va a quedar con los 265,90€ que le corresponden por la comisión ya acordada. Esto nos deja un total de, redondeando, 2393€ para afrontar gastos.

Vamos a empezar por el principio. Debemos restar 470€ del dinero que tomamos por adelantado para el diseño de cubiertas (220€) y el booktrailer (250€). Esto nos deja un saldo de 1923€.

De los 100 libros que presupuestamos en un principio, contando con los 10 que entregaremos para cuando tengan lugar las rutas histórico-gastronómicas, y los 3 que prestaron su nombre a personajes, vamos a necesitar un total de 68. Marcapáginas van a ser 37, y postales 28. Esto nos deja en una situación interesante. En primer lugar, podemos encargar un menor número de copias de cada cosa de lo que presupuestamos inicialmente. En la imprenta nos informan que 75 libros, 75 marcapáginas y 75 postales nos saldrían, en lugar de por 1050€, por 850€ (recuerda la relación cantidad/precio). Esto significaría que nos sobrarían 200€ del presupuesto inicial y, además, nos quedaríamos con 7 libros, 38 marcapáginas y 47 postales que podremos utilizar para la promoción.

En segundo lugar, podemos seguir adelante con el presupuesto inicial aprovechando que hemos conseguido el dinero para tener guardado un mayor número de copias: 32 libros, 63 marcapáginas y 72 postales. Cualquier opción se nos antoja válida, pero vamos a optar por la primera, los 75 ejemplares de cada por 850€, lo que nos arroja un saldo restante de 1073€.

Por supuesto, como parte del proyecto, vamos a apartar los 480€ correspondientes de la corrección, lo que nos deja 593€.

Ahora llega el momento de planear los envíos. De los 68 libros que tenemos que repartir, la división queda de esta forma: 10 serán entregados en mano a los donantes que van a hacer la ruta y otros 45 pertenecen a familiares, amigos y conocidos a los que vamos a entregárselo también en persona o a través de otros conocidos. Por lo tanto, tenemos que encargarnos del envío de 13 libros (los marcapáginas y las postales van dentro y no cuentan). Sumando el precio del paquete y los costes postales —recuerda enviar siempre por correo certificado para evitar posibles problemas—, cada envío sale por 5€, lo que hace un total de 65€ que tenemos que restar.

Esto no termina aquí, ya que también debes encargarte de los pósters. Como vas a imprimir 13, su precio baja a los 7€ cada uno, por lo que cuestan un total de 91€. Contando con que tienes que enviar por correo 6 de ellos (el resto los das en mano), entre embalaje y envío, tienen un coste adicional de 2,5€ cada uno. Esto es: 15€ en total, a sumar a los 91€.

Si restamos estos últimos 171€ (impresión de pósters + envío de libros y pósters) del total, nos quedarían 422€. Pero todavía no sería definitivo, ya que adelantamos otros 250€ para el video promocional de la campaña de crowdfunding. De modo que el dinero definitivo que nos queda asciende a 172€. Decidimos guardar este dinero para pagar a Hacienda, asunto que veremos en el párrafo siguiente. Tendríamos todo pagado, incluyendo un video promocional que no habíamos presupuestado y la corrección necesaria. Además, conviene no olvidar que nos quedamos con un «stock» de 7 libros, 38 marcapáginas y 47 postales del que podremos disponer más adelante para sorteos, promociones o regalos de cortesía.

El tema de los impuestos de las campañas de crowdfunding es bastante confuso. Todas las plataformas aseguran que algo hay pagar, pero ninguna se pone de acuerdo en fijar qué cantidad o porcentaje. Esto va a depender de si somos o no autónomos, de si la campaña es considerada benéfica, así como de la cantidad y tipo de recompensas ofrecidas. Por lo tanto, y si no queremos vernos metidos en líos, es recomendable contactar con un gestor antes de comenzar una de estas campañas, sobre todo si esperas conseguir sumas muy cuantiosas[7].

Una vez llegados a este punto, conviene recordar que la campaña propuesta en este manual es ficticia pero completamente posible. De hecho, no se trata de una cantidad desorbitada; no es raro encontrar campañas literarias que apuestan por encima de los 3000€. Todo va a depender de si te ves en posición de conseguir alcanzar los números que te propongas. ¿Te ves capaz de sacar adelante un proyecto como este? ¿Uno más ambicioso? Adelante.

---

[7]   Por & para. Lo que no se cuenta de crowdfunding: ¿Sabes cuánto tienes que pagar de impuestos si recibes dinero para tu proyecto? Eva Moraga. Consultado el 07/04/2016. http://www.porypara.es/blog_porypara/lo-que-no-se-cuenta-del-crowdfunding-la-terrible-fiscalidad-para-el-que-recibe-el-dinero-para-su-proyecto-y-otros-problemas/

6. CROWDFUNDING

7.

Conclusiones

— — — — —

La autopublicación es un camino largo y complejo, lleno de idas y venidas, bifurcaciones, cuestas —hacia arriba y hacia abajo—, atajos, vías muertas, trampas y recompensas. Puede ser una experiencia tan satisfactoria como ingrata, pero a la que se puede sacar mucho jugo si tenemos perseverancia y la capacidad de aprender de nuestros errores. Ser humildes nos dará perspectiva y nos hará mejorar.

La planificación es vital. Conocer los tiempos, los pasos a dar, los procesos que cada momento requiere, los costes y las personas que nos pueden prestar ayuda en un momento dado es vital para sacar adelante nuestro proyecto literario. La constancia es un pilar fundamental para elaborar una estrategia que aborde todos los aspectos dentro del camino que vamos a recorrer. Ponernos manos a la obra meses antes de la publicación nos hará ganar perspectiva y preparación. Así apenas quedará nada para la temida improvisación.

Debemos imponernos objetivos ambiciosos pero realistas. No nos ayudará pretender alcanzar 30.000 copias vendidas en medio año. Es más, solo servirá para frustrarnos. Debemos ser pacientes, sobre todo con nosotros mismos. Por ello, tampoco tengas prisa en alcanzar tus metas. Como ya habrás podido comprobar, crear una imagen profesional y solvente lleva mucho tiempo, pero mantenerla es una tarea que nunca termina. En este aspecto, sé doblemente paciente, ya que las recompensas que vas a recibir en este camino llegan una vez que has recorrido una buena parte de él.

Autopublicar y autoeditar son dos actividades que se ven como el arte de «yo me lo guiso, yo me lo como», pero es muy duro hacer todo el trabajo solo. Aprende a delegar tareas, sobre todo aquellas para las que no tienes suficiente formación, experiencia o talento. Deja a los profesionales hacer su trabajo y dedícate tú a aquello en lo que eres mejor que nadie: escribir lo que te gusta; lo que sientes que tienes que contarle al mundo.

No queremos despedirnos sin desearte ánimos en esta carrera. Ponte en marcha, que tú puedes.

8.

Recursos
para escritores

— — — — —

A lo largo de las páginas de este manual hemos ido conociendo la opinión de distintos expertos, lo que nos ha ayudado a enriquecer el contenido gracias a sus múltiples y válidos puntos de vista. Estos expertos en literatura, escritura, edición, publicación y marketing online tienen sus propios espacios web donde publican sus artículos. Además, y como no podría ser de otra forma, tienen una presencia muy activa en redes sociales. Aquí vamos a proponer las cuentas de Twitter de los más destacados en castellano, que también están presentes en Facebook y muchas de las demás redes.

Seguirles es una buena idea, ya que entre sus comunidades vas a encontrar a muchos escritores en una situación parecida a la tuya. Participar en sus actividades y debates también servirá para enriquecer tu conocimiento, encontrar a otros autores con quienes estrechar lazos de colaboración, fortalecer nuestra reputación y ganar visibilidad.

- » Actualidad Editorial @actualidad_ed
- » Actualidad Literatura @A_Literatura
- » Alejandro Capparelli @acapparelli
- » —Álex— Inteligencia Narrativa @inarrativa
- » Amabook @amabook
- » Ana Bolox @ana_bolox
- » Ana González Duque @DoctoraJomeini
- » Ana Katzen @AnaKatzen
- » Ana Vidal @anavidal_editor
- » Ateneo Literario @AteneoLit
- » Alejandro Gamero @alexsisifo
- » Alejandro Quintana @jandroquintana
- » Álex Sebastián @Aleksovsky
- » Alister Mairon @Alister_Mairon
- » Anxo @CanalNost
- » Arantxa Mellado @ArantxaMellado
- » Cova Literatura @CovaTLO
- » Cris Mandarica @CrisMandarica
- » Dalila Cabrera @kaitastrofe
- » David Olier @CabalTC
- » Diana P. Morales @pixelwoman
- » Ebook Hermanos @EbookHermanos
- » Edición y Marketing @editorlibre
- » Eduardo Norte @EduNorte
- » EFE @EscuelaEFE
- » El Editorialista @eleditorialista
- » El Libro del Escritor @ELDEscritores
- » Escrilia @escrilia
- » Esquinas Dobladas @esq_dobladas
- » Excentrya @Excentrya
- » Factoría de Autores @Factoriaautores
- » Francisco Tapia @Conplumaypixel
- » Gabriella Campbell @ProyectoPoema
- » Guillermo Jiménez @Guille_JiCan
- » Isaac Belmar @hojaenblanco1
- » Isla Tintero @islatintero
- » Ismael F. Cabeza @IsmaelFCP
- » Izaskun Albéniz @FiliasHome

- » Ivan Thays @moleskinelit
- » J. C. Sánchez @jcsanchezwriter
- » Jack Redfield @dragon_mecanico
- » Javi de Ríos @javiderios
- » Javier Miró @Javier_MirO
- » Javier Pellicer @Javier_Pellicer
- » José Pimat @josepimat
- » Joseto Romero @joseto_romero
- » Kristina G. Langarika @KLangarika
- » La Palabra Infinita @PalabraInfinita
- » Librópatas @Libropatas
- » Literautas @literautas
- » Lituralia @Lituralia
- » Maider Tomaseña @maidertomasena
- » Mariana Eguaras @MarianaEguaras
- » Mi Capítulo 24 @micapitulo24
- » Miguel Ángel Alonso @M_A_Alonso
- » Negritas y Cursivas @negritasycursiv
- » Nerea Nieto @diarioescritora
- » Néstor Belda @NessBelda
- » Paola C. Álvarez @paoc_alvarez
- » Pluma en Acción @PlumaEnAccion
- » Read Infinity @read_infinity
- » Rocío Vega @rovegah
- » Triunfa con tu libro @nietoana
- » Valentina Truneanu @ValenTruneanu
- » Víctor J. Sanz @VictorJSanz
- » Víctor Selles @victorseyes
- » Yolanda González Mesa @tintaalsol

Sobre Autorquía

– – – – –

Autorquía es un proyecto dedicado de lleno a prestar servicios útiles y de calidad a los autores independientes que optan por la autopublicación. Ofrecemos apoyo de todo tipo a la hora de editar textos, potenciar la imagen de autor, mejorar la comunicación y promocionar la obra. Trabajamos codo con codo con los autores para ayudarles a que le den forma a sus obras, las ya escritas y las que están por llegar. Nuestras herramientas principales son la escucha activa, el trabajo personalizado —ya que no hay dos escritores iguales— y, por encima de todo, la honestidad.

Los miembros de Autorquía conocemos las dificultades del mundo editorial. Ya hemos pasado por ellas. Sabemos lo importante que es sentirse escuchado y arropado. Por eso, nuestro compromiso es con el autor y nadie más que el autor.

Si estás interesado en alguno de los servicios que mencionamos en este manual, no lo dudes, ponte en contacto con nosotros.

» Email: info@autorquia.com
» URL: www.autorquia.com
» Twitter: @Autorquia
» También en Facebook y LinkedIn

    Y si quieres estar al tanto
de nuestras noticias, novedades
y próximas publicaciones y cursos,
suscríbete a nuestro boletín:
http://eepurl.com/bNMEkT

SOBRE AUTORQUÍA

Agradecimientos

_ _ _ _ _

AGRADECIMIENTOS

De parte de todas y cada una de las personas
que integramos el equipo de Autorquía y que hemos
colaborado en documentar, editar, producir,
publicar y promocionar este manual, queremos
agradecerte el haber llegado hasta aquí.
Esperamos que te sirva para lograr tus objetivos
y, si todavía no te has animado a autopublicar,
ojalá este libro te dé ese empujoncito final.
Si te ha gustado el contenido de este manual
no olvides recomendarlo dejando un comentario
en Amazon y puntuándolo en Goodreads, aNobii...
Bueno, ya sabes de sobra cómo funciona esto.

AGRADECIMIENTOS

De nuevo, y siempre,
muchas gracias.